Vollrath · Lammel
DIE HAVEL
Geschichten eines Flusses

Horst Vollrath (Text)
Bernd Lammel (Fotos)

DIE HAVEL

Geschichten eines
Flusses

Ullstein

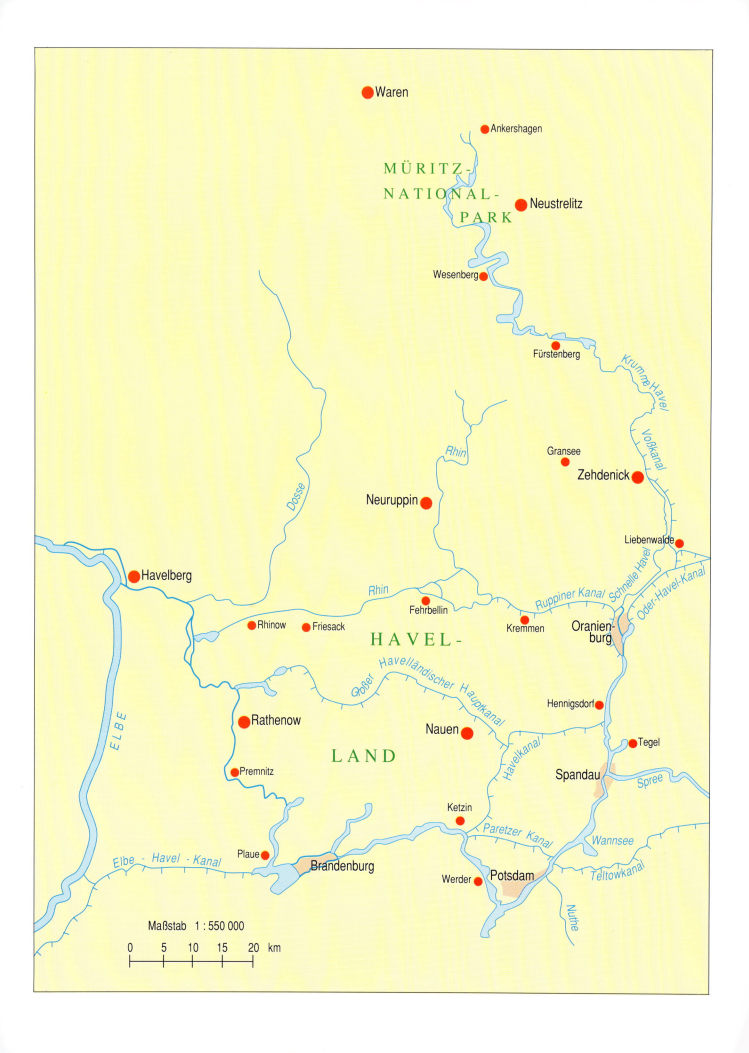

Waren

Ankershagen

MÜRITZ-
NATIONAL-
PARK

Neustrelitz

Wesenberg

Fürstenberg

Krumme Havel

Voßkanal

Rhin

Gransee

Zehdenick

Neuruppin

Liebenwalde

Dosse

Havelberg

Rhin

Ruppiner Kanal

Schnelle Havel

Oder-Havel-Kanal

Fehrbellin

Rhinow

Friesack

HAVEL-

Kremmen

Oranien-
burg

Großer Havelländischer Hauptkanal

Hennigsdorf

ELBE

Rathenow

Nauen

Havelkanal

Tegel

LAND

Spandau

Spree

Premnitz

Ketzin

Wannsee

Paretzer Kanal

Teltowkanal

Elbe - Havel - Kanal

Plaue

Brandenburg

Werder

Potsdam

Nuthe

Maßstab 1 : 550 000

0   5   10   15   20 km

Inhalt

Vorwort

Geographisch gesehen ist sie nur einer der größeren Nebenflüsse der Elbe, historisch aber geht ihre Bedeutung weit über Ostdeutschland hinaus.

Die Havel, beginnend als kleiner Wiesenfluß im östlichen Teil der mecklenburgischen Seenplatte, wird eigentlich erst nach der Vereinigung mit der Spree, dem anderen großen märkischen Wasserlauf, zu einem ansehnlichen Fluß. Ihre Breite an vielen Stellen verdankt sie den zahlreichen Seen, die sie durchfließt. Rund 340 Kilometer Länge hat ihr gewundener Lauf, zunächst nach Süden, dann in einem Bogen nach Westen, um schließlich nordwärts die Elbe zu erreichen. So ergibt sich die der Havel eigene Besonderheit, zwischen dem Quellgebiet und der Mündung lediglich eine als Luftlinie gemessene Entfernung von 90 Kilometern zu haben.

Ihr Name, als »Habula« erstmals im frühen Mittelalter genannt, kommt vermutlich von der altgermanischen Bezeichnung für »Kleines Haff« und verweist auf die weitläufigen Ausbuchtungen in den Seengebieten. Dieser Name blieb auch erhalten, als nach der Völkerwanderung der germanischen Stämme die Slawen ins Land kamen. Als »Gau Heveldun« wurde das Havelland bezeichnet, und seine Bewohner hießen Heveller.

Mit einem Gefälle von 39 Metern über die Gesamtstrecke ist die Havel überwiegend ein langsam dahinfließendes Gewässer. Dennoch bedarf sie insgesamt 18 größerer und kleinerer Schleusen, um die verschiedenen Flußabschnitte schiffbar zu halten. Für die Binnenschiffahrt zwischen Elbe und Oder ist sie mehr und mehr zu einem Knotenpunkt geworden. Die von ihr abzweigenden Kanäle, besonders die Havel-Oder-Wasserstraße im Norden und der Elbe-Havel-Kanal im Süden, wurden zu wasserwirtschaftlichen Verbindungsstücken im Ost-West-Handel.

Die tausendjährige wechselvolle Geschichte Brandenburgs von der kaiserlichen Grenzmark zum »neuen« Bundesland hat an den Ufern der Havel wesentliche Spuren hinterlassen. Allein der Name des Landes stammt von der einstigen Burg auf einer Havelinsel, von der aus Ritter, Siedler und Mönche gen Ostland aufbrachen. Die askanischen Landesherren errichteten in Spandau am Zusammenfluß von Spree und Havel ihren östlichen Herrschaftssitz, und die Hohenzollern, die 500 Jahre das Land regierten, machten Potsdam neben Berlin zu ihrer Residenz. Wie Brandenburg schließlich in Preußen, dieses dann im damaligen Deutschen Reich auf- oder gar unterging, ist zum beliebten Thema der Historiker geworden. Geblieben ist die unverwechselbare Naturlandschaft, die Theodor Fontane in der zweiten Hälfte des vorigen Jahrhunderts wandernd wiederentdeckte und liebevoll beschrieb.

Seitdem ist im Land des roten Adlers viel geschehen. Die Zeit ist nicht stehengeblieben, auch wenn es in manchem Dorf, in mancher kleinen Stadt auf den ersten Blick so scheinen mag. Nicht allein gesellschaftliche Strukturen sind durch Kriegsfolgen, politische Umwälzungen und Fluchtbewegungen verändert worden, auch das Bild der Landschaft hat durch Industriegebiete, militärische Anlagen, landwirtschaftliche Zweckbauten und Neubausiedlungen gelitten. Von dem bescheidenen märkischen Charme einstiger Sehenswürdigkeiten ist oft nur mit viel Phantasie weniges noch erkennbar. Die Mauern vieler Bauwerke sind brüchig geworden, Putz und Farbe bröckeln ab. Nun sind Denkmalpfleger und Restauratoren gefragt, um zu erhalten, was vom kulturgeschichtlichen Erbgut noch zu retten ist.

Für das Land an der Havel hat ein neuer Zeitabschnitt begonnen. Aus der Rückbesinnung auf Erfahrungen und Traditionen der historischen Vergangenheit entstehen Wertvorstellungen für die Zukunft.

Dieser Text-Bild-Band will dazu beitragen, Geschichte und Gegenwart im Spiegel der Havel zu betrachten.

Berlin, Februar 1993   Horst Vollrath
                        Bernd Lammel

Ein Kind
mecklenburgischer Seen

Mit einer erkennba-
ren Quelle tut sich die Havel schwer. Ursprüng-
lich waren einmal der Bornsee, der Trinnensee
und vor allem der Mühlensee bei Ankershagen
die eigentlichen Quellseen. Als dann vor rund
600 Jahren durch das Aufschütten eines Dammes ein Verbindungsweg zwischen Ankershagen und Klockow geschaffen wurde, war der
Wasserlauf der jungen Havel unterbrochen.
Das Wasser der Seen suchte sich einen anderen
Abfluß und geht seitdem in Richtung Ostsee
davon. So wurde der Damm in diesem Gebiet
zur künstlichen Wasserscheide zwischen Ostsee
und Nordsee. Daß unterhalb des Dammes
noch immer Wasser durchsickert und die südlich gelegene Havelquellwiese speist, ist eine
nicht beweisbare, aber naheliegende Vermu-
tung. Auf der morastigen Wiese sammelt ein
kleiner, stark verkrauteter Bach das erste Havelwasser für den 340 Kilometer langen Flußlauf. Durch das Waldgebiet des Diekenbruchs
und die darin gelegenen Speicherbecken Kleiner Dieksee, Middelsee und Großer Dieksee
bahnt sich die Havel ihren Weg nach Süden.

Knapp zwei Kilometer vom Havelquellgebiet
entfernt liegt das zum Landkreis Waren gehörende typisch mecklenburgische Straßendorf
Ankershagen. Sein Wahrzeichen ist eine im 13.
Jahrhundert errichtete Feldsteinkirche, deren
weithin sichtbare Turmhaube bei einem Umbau Mitte des 19. Jahrhunderts die heutige
Form erhielt. An der Innenwand des gotischen
Langhauses zeigen freigelegte Malereien religi-
öse Darstellungen aus dem Mittelalter.

Ein weiteres kulturhistorisches Kleinod ist
das Heinrich-Schliemann-Museum im ehemaligen Pfarrhaus neben der Kirche. Hier verlebte
der Entdecker von Troja als Sohn eines Land-
pfarrers seine Jugend. Die Räume des alten
Fachwerkhauses sind liebevoll gestaltet. Mit Bil-
dern, Dokumenten und Schilderungen von
Grabungen in Troja, Mykene, Tiryns und auf
Ithaka werden Leben und Wirken des berühm-

oben: Die junge Havel bei Blankenförde
unten: Havelkrug in Granzin
Seite 8: Schmiedeeisernes Tor in Groß Behnitz

ten Altertumsforschers sehenswert dargeboten.
Auch Nachbildungen von Teilen des Priamos-
Schatzes aus Troja und Originalfundstücke aus
anderen Orten sind ausgestellt. Ein umfangreiches Literaturangebot rundet die Würdigung
des großes Sohnes von Ankershagen ab. Auf
dem Dorffriedhof steht ein gußeisernes Kreuz,
das Heinrich Schliemann auf dem Grab seiner
Mutter errichten ließ.

Ankershagen ist von weiten Kornfeldern,
Koppeln und Weiden umgeben. Hügelgräber
aus der Bronzezeit erinnern an frühe Ansiedlungen in der fruchtbaren Landschaft. Hinweis-
schilder regen zu Wanderungen in die Umgebung an, zu der vor allem das Havelquellgebiet
gehört. Es bildet den nordöstlichen Rand des
Müritz-Nationalparks. In dem früher von der
Öffentlichkeit abgeschirmten Jagdrevier des
DDR-Ministerratsvorsitzenden Stoph verläuft
nun ein Wegenetz für Wanderer und Radfah-
rer. Autoverkehr ist nur noch sehr begrenzt
möglich. Für Touristen werden Kutschfahrten
und naturkundliche Führungen veranstaltet.
Nationalparkhüter überwachen die Einhaltung
der Schutzvorschriften.

Der insgesamt 308 Quadratkilometer große
Müritz-Nationalpark verdankt sein Entstehen
einer im November 1989 im Landkreis Waren
gegründeten Bürgerinitiative, deren Vorschlä-
ge von der ersten frei gewählten DDR-Regierung aufgegriffen und als Gesetz beschlossen
wurden. Im Einigungsvertrag ist das Gesetz
übernommen worden und somit seit Oktober
1990 bundesweit gültig.

Der Nationalpark ist in drei Kategorien von
Schutzzonen unterteilt. In den Kernbereichen,
in denen der Natürlichkeitsgrad der Landschaft besonders hoch ist, sollen jegliche Ein-
griffe eingestellt werden. Ein kleinerer Flächen-
anteil, hauptsächlich aus Wiesen und Weiden
bestehend, ist als Pflegebereich ausgewiesen.
Für die Entwicklungsbereiche sind langfristige
Übergangszeiten vorgesehen, um wieder Natur-
wälder entstehen zu lassen, Seen und Feuchtge-
biete zu sanieren und Grünland zu extensivie-
ren. In diese Entwicklungsbereiche fällt auch
ein großer Truppenübungsplatz der ehemali-

oben: Wandmalerei in der Kirche von Ankershagen
links: Havelquellwiese am Mühlensee bei Ankershagen
Seite 12: Röthsee bei Kratzeburg
Seite 13: Bauernhaus in Kakeldütt an der oberen Havel

gen sowjetischen Armee rund um Pagelsee und Zotzensee am Havellauf. Erst wenn Panzer und Lastwagen die Heimreise antreten, können die Naturschützer mit Aufräumungsarbeiten und Bodensanierungsmaßnahmen einen Anfang der Umgestaltung setzen.

Zwei Drittel der Gesamtfläche des Müritz-Nationalparks bestehen aus Wäldern, dazwischen liegen Moore, Wiesen und Ackerland. Über das Gebiet verteilen sich mehr als einhundert größere und kleinere Seen, von denen die Havel fünfzehn durchfließt. Die ersten zwanzig Kilometer des jungen Flusses führen

durch dünn besiedeltes Gebiet. Bei Pieverstorf, der ersten Ansiedlung am Flußlauf, erreicht das schmale Gewässer den Landkreis Neustrelitz. Kleine, bescheidene Dörfer mit plattdeutsch klingenden Namen wie Kratzeburg, Granzin, Blankenförde, Kakeldütt und Userin liegen am Ufer der Havel im südlichen Teil des Landes Mecklenburg-Vorpommern.

Seit den zwanziger Jahren ist das Havelseengebiet ein beliebtes Ausflugsziel. In den letzten Jahrzehnten wurden die Urlaubsquartiere – wie überall in der DDR – größtenteils vom staatlichen FDGB-Feriendienst verwaltet und vergeben. Nun kommen diese Gäste seltener, denn die Menschen aus den neuen Bundesländern zieht es vorerst in deutsche und ausländische Landschaften, die für sie früher unerreichbar waren. Neue Touristen gilt es zu interessieren.

15

Heinrich-Schliemann-Museum in Ankershagen

Fremdenverkehrsvereine und Reiseunternehmen werben mit Vorträgen und Broschüren. Aktive Erholung wird angeboten: Angeln und Baden, Paddeln und Rudern, Segeln und Surfen, Wandern und Radfahren. Campingplätze werden renoviert und ausgebaut. Privatvermieter halten Fremdenzimmer und Bungalows bereit. Hotels, Pensionen und Gasthöfe versprechen zeitgemäßen, urlauberfreundlichen Service.

Das großzügigste Angebot aber macht die Natur selbst. In den geschützten Lebensräumen haben Fischadler, Kormorane, Graureiher und Kraniche ihre Brutplätze. Von Hochsitzen aus kann man die Tierwelt beobachten, an den Wanderwegen Orchideen und andere seltene Pflanzenarten entdecken. Ein riesiges Biotop tut sich für Freunde und Bewunderer naturbelassener Schönheit auf.

An der Südspitze des Müritz-Nationalparks schmiegt sich die Kleinstadt Wesenberg an den von der Havel durchflossenen Woblitzsee. Ihre Geschichte geht bis in das Mittelalter zurück. Um 1250 wurde sie von einem Fürsten Nikolaus von Werle gegründet. Aus dieser Zeit stammt noch ein Teil der Burg, die durch Brände mehrmals zerstört wurde. Die Ruine des Bergfrieds und Reste der alten Verteidigungsmauer sind eingerahmt von später errichteten Wohngebäuden. Seit Anfang des 14. Jahrhunderts gehört Wesenberg endgültig zu Mecklenburg, nachdem Kaiser Karl IV. die Streitigkeiten zwischen mecklenburgischen und brandenburgischen Fürsten um die Stadt durch ein Macht-

Useriner See im Müritz-Nationalpark

wort beendet hatte. Unter kriegerischen Wirren hat Wesenberg immer wieder leiden müssen. Der Dreißigjährige Krieg, der Nordische Krieg, die napoleonische Zeit und zuletzt der Zweite Weltkrieg haben Spuren der Zerstörung hinterlassen. Dank der sie umgebenden Landwirtschaft hat das heute etwas über 3200 Einwohner zählende Gemeinwesen stets neuen Aufschwung bekommen.

Der kleinstädtische Charakter hat sich besonders am alten Marktplatz erhalten. Um ein idyllisches Lindenrondell gruppieren sich im Kreis die wichtigsten Gebäude: das Rathaus, die Post, die Apotheke und der Stadtkrug. Von hier führt eine Straße direkt zum Bahnhof der 1890 entstandenen Eisenbahnstrecke. Hinter dem Marktplatz erhebt sich die ehrwürdige St. Marienkirche. Das ganze 14. Jahrhundert hindurch hat man an ihr gebaut, bis Feldsteine und Backsteine eine spätgotische Einheit bildeten. Apostelfiguren aus dem 16. Jahrhundert schmücken den Altar, und die 1717 erbaute Orgel kam aus Berlin an die obere Havel. Eine besondere Sehenswürdigkeit stellt die »Teufelskette« dar. Die Sage berichtet, daß ein Schmied von den Stadtvätern einst den Auftrag erhielt, eine besonders schöne Kette zu fertigen. Aber alle seine Arbeiten fanden nicht die Zustimmung der Ratsherren, woraufhin der Schmied im Zorn ausrief, es möge doch der Teufel eine Kette schmieden. Der soll es dann auch getan haben, jedenfalls ist sie im Nordportal der St. Marienkirche zu bewundern.

Neben dem Gotteshaus steht eine Linde, de-

oben: Lindenrondell auf dem Marktplatz in Wesenberg
rechts: 600jährige Linde vor der Marienkirche in Wesenberg

ren Alter auf über 600 Jahre geschätzt wird. Ein Poet besang sie in einem Gedicht, das endet:

> »Jahrhunderte sie floh'n vorbei
> an unserer alten Linde,
> der Blitz barst ihren Stamm entzwei,
> gar knorrig ward die Rinde.
> Doch wenn der Mai rings Blüten streut,
> prangt jung im Lenzenwinde,
> dem Märchen gleich aus alter Zeit,
> die Wesenberger Linde.«

Vielleicht enthalten diese Zeilen sogar ein wenig Symbolik für eine neue Epoche des alten mecklenburgischen Städtchens an der Havel.

Südlich von Wesenberg erstreckt sich die Neustrelitzer Kleinseenplatte, ein Paradies für Wasserwanderer. Hier verkehren auch Motorschiffe auf der Havel. Durch den Bau von Schleusen und Kanälen wurden die Wasserwege um 1830 schiffbar gemacht und auch für Frachtkähne befahrbare Verbindungen zur Müritz, dem größten deutschen Binnensee, und zur Rheinsberger Seenkette geschaffen. Die Dörfer Ahrensberg, Priepert, Strasen und Steinförde, die am Wege der Havel liegen, sind neben anderen Ortschaften im Kleinseengebiet zu Anziehungspunkten für erholsame Ferien geworden.

Am Ellbogensee und am Ziernsee entlang verläuft die Landesgrenze zu Brandenburg. Die von Wasser, Wäldern, Hügelketten und Grünflächen bestimmte Landschaft aber zieht sich noch weit hinein in das märkische Territorium.

18

In der brandenburgischen Mittelmark

Etwa in der Mitte zwischen Elbe und Oder beginnt die Havel ihren Weg durch die Mark Brandenburg. Das Gebiet zwischen den beiden großen Strömen erhielt seine Bezeichnung »Mittelmark« unter den brandenburgischen Fürsten, die ihr Territorium in drei Regionen einteilten. Die Altmark westlich der Elbe, heute zum Bundesland Sachsen-Anhalt gehörend, war das Stammland der askanischen Markgrafen, von dem aus sie im 12. Jahrhundert die Ostkolonisation begannen. Im 13. Jahrhundert dehnten sie ihren Herrschaftsbereich ostwärts über die Oder aus und errichteten die Neumark, die nach dem Zweiten Weltkrieg polnisches Staatsgebiet wurde. In der wechselvollen Geschichte Brandenburg-Preußens hat es viele Grenzverschiebungen gegeben. Sowohl durch Heiratspolitik der Herrscherhäuser und damit verbundene Erbfolgen als auch durch Siege und Niederlagen in Feldzügen und Kriegen kamen Gebiete hinzu oder gingen wieder verloren. Das heutige Bundesland Brandenburg stellt den verbliebenen Teil aus der tausendjährigen historischen Entwicklung dar.

Im Zentrum der Mittelmark geht der Lauf der Havel durch die Landkreise Gransee und Oranienburg auf Berlin zu. Die rund 150 Kilometer lange Wegstrecke zeigt Stätten von kultureller und wirtschaftlicher Bedeutung, führt aber auch vorbei an zwei ehemaligen Konzentrationslagern, die ein dunkles Kapitel deutscher Vergangenheit in Erinnerung rufen. Landschaftlich wird das Flußgebiet von kleinen Seenketten und vom Eberswalder Urstromtal geprägt.

Unter dem Namen Steinhavel fließt das noch immer schmale Gewässer auf Fürstenberg zu in den Röblinsee, der gemeinsam mit dem Baalensee und dem Schwedtsee die Stadt umgibt. Auf einer Landzunge entstand Anfang des 14. Jahrhunderts eine Wasserburg als Sitz der Grafen von Fürstenberg, die von mecklenburgischen Herzögen mit dem Gebiet belehnt wurden. Im

oben: Der Voßkanal in der Mittelmark
unten: Klosterruine in Zehdenick

16. Jahrhundert wurde ein Renaissanceschloß errichtet, von dem aufgrund vieler Umbauten nur wenig erhalten ist. Anfang des 19. Jahrhunderts kaufte der Großherzog von Mecklenburg-Strelitz das Gebäude und schenkte es der Stadt als Schulhaus, das es bis heute geblieben ist. Mitte des 18. Jahrhunderts hatten die mecklenburgischen Landesherren auf dem Mühlenkamp, einer Insel zwischen zwei Havelarmen, die durch die Stadt gehen, ein Barockschloß errichtet. Die Dreiflügelanlage ging Anfang dieses Jahrhunderts ebenfalls an die Stadt über, die sie als Sanatorium nutzte. Nach dem Zweiten Weltkrieg wurde das Schloß Krankenhaus und poliklinische Ambulanz.

Die Stadt Fürstenberg selbst ist älter als ihre ehemaligen Herrschersitze. Um 1250 wurde sie bereits von Siedlern aus der Altmark bewohnt, die unter den askanischen Markgrafen in die Mark Brandenburg gezogen waren. Eine Urkunde aus dem Jahre 1278 bestätigt dies, und ein Dokument von 1327 weist die Zugehörigkeit von Vorstenberghe zur Grafschaft Ruppin nach. Seit 1349 gehörte die Stadt dann zu Mecklenburg und ging bei verschiedenen Aufteilungen zwischen Erblinien des mecklenburgischen Fürstenhauses mehrmals von einem kleinen Herzogtum zum anderen über, bis sie schließlich dem Großherzogtum Mecklenburg-Strelitz unterstand. Schwere Brände haben 1797 und 1805 die mittelalterliche Altstadt völlig zerstört. Von den danach errichteten klassizistischen Gebäuden sind das Rathaus und einige Bürgerhäuser um den Marktplatz erhalten und werden nun fachgerecht restauriert. Auch die Stadtkirche von 1848 strahlt wieder im hellen Gelb ihrer Backsteine. Der neubyzantinische Stil läßt erkennen, daß die Architektur Schinkels dem Oberbaurat der Stadt beim Entwurf als Vorbild gedient hat. Die Wand über dem Altar im Innenraum schmückt ein Batikteppich, der mit sieben Metern der längste seiner Art in Europa ist.

Wirtschaftlich war Fürstenberg immer eine Agrarstadt. Die Buttermärkte machten den Ort im 19. Jahrhundert zu einem wichtigen Handelszentrum zwischen Mecklenburg und Bran-

Altstadt von Fürstenberg am Ufer des Schwedtsees

denburg. Seit 1950 gehört die wenig mehr als 5000 Einwohner zählende Havelstadt zu Brandenburg und bemüht sich, durch Gewerbemärkte an ihre alte Handelstradition anzuknüpfen. Auch als Ausgangspunkt des Tourismus in die Mecklenburgische Seenplatte will Fürstenberg verstärkt auf sich aufmerksam machen.

Vom Stadtpark geht der Blick über den Schwedtsee zum Mahnmal von Ravensbrück. Von 1939 bis Kriegsende befand sich hier das größte Frauenkonzentrationslager des nationalsozialistischen Regimes. Über 130 000 Frauen, Mädchen und Kinder aus 23 Nationen wurden hierher verschleppt und mit grausamen Methoden zur Arbeit gezwungen. Mehr als 90 000 von ihnen starben unter Qualen oder wurden hin-

gerichtet. In der Gedenkstätte berichten Dokumente und Erinnerungsstücke von menschlichem Leiden unter Terror und Gewalt. Ein Ort des Grauens inmitten landschaftlicher Ruhe und Ausgeglichenheit.

Die Havel macht hinter Fürstenberg einen Bogen zum Stolpsee. Das Dorf Himmelpfort ist von mehreren Seen umgeben und hat seinen Namen von dem 1299 erbauten Kloster Coeli porta. Es war die letzte Klostergründung in der Mark Brandenburg, die vom Stammkloster der Zisterzienser in Lehnin betrieben wurde, und geht auf eine Stiftung des Markgrafen Albrecht III. zurück, der dort beigesetzt zu werden wünschte. Im Zuge der Säkularisation wurde das Kloster 1541 aufgelöst. Erhalten geblieben sind nur Teile der Umfassungsmauer und der Chorraum der Kirche, der heute Pfarrkirche

Barockschloß in Fürstenberg

des Ortes ist. An der Dorfstraße steht das ehemalige Brauhaus des Klosters, ein spätgotischer Backsteinbau mit schönem Blendengiebel. Ein großes Geldinstitut hat das ansehnliche Gebäude 1991 restauriert und eine Bankfiliale eingerichtet.

Hinter dem Stolpsee beginnt die Krumme Havel, die mit vielen Windungen über Bredereiche und das ehemalige Schifferdorf Burgwall nach Zehdenick führt. Mit über 11 000 Einwohnern ist Zehdenick die größte Stadt im Landkreis Gransee. Seine 775jährige Geschichte beginnt mit einer Urkunde von 1216 und einer wundersamen Legende, die in der 1598 erschienenen Chronik der Mark Brandenburg von dem Geschichtsschreiber Angelus erzählt wird:

»Im Jahre 1249 hat ein Weib zu Zehdenick eine geweihte Oblate in Wachs gedruckt und vor ihre Bierfasse begraben, damit die Leute ihre bier desto lieber trinken. Da sie hernach einen Prediger gehört, ist sie zu erkendnis gekommen, hat sich in ihrem Herzen und Gewissen nicht können zufrieden geben und hat solches dem Pfarrherrn zu Zehdenick geoffenbaret. Darauff hat man im Keller angefangen zu graben und ist an dreyen oder mehr Orten Blut herausgequollen.«

An dieser Stelle gründeten der Bischof von Brandenburg und die askanischen Markgrafen das Zisterzienser-Nonnenkloster »Zum heiligen Kreuz«. Über einhundert Jahre war der geweihte Ort das Ziel von Wallfahrten, bis die Wunderbluterscheinung von Wilsnack das Interesse an Zehdenick verminderte. Nach der Reforma-

oben: Hafen und Schleuse von Zehdenick
links: Neue Schleuse von Bischofswerder

tion wurde das Kloster ein Stift für adlige Jung-
frauen. Die Zerstörungen im Dreißigjährigen
Krieg haben den größten Teil der Anlage als
Ruine hinterlassen.

In den ersten zweihundert Jahren ihres Be-
stehens wechselte der Besitz der Civitas Ced-
licensis mehrmals zwischen mecklenburgischen
und pommerschen Herzögen, dann kaufte der
hohenzollernsche Kurfürst von Brandenburg,
Friedrich I., 1415 die Stadt zurück. Bekannt
wurde Zehdenick Ende des 19. Jahrhunderts als
bedeutender Standort der Ziegelindustrie.
Beim Bau der Eisenbahn kamen große Tonvorkommen zutage, die der Stadt wirtschaftlichen Aufschwung brachten. Über einhundert

Jahre brannten die Ringöfen, und Frachtschiffe
brachten die Ziegel über die Havel vor allem
nach Berlin. Die hohen Schornsteine ragen
noch immer über das Stadtbild hinaus, doch die
Öfen sind längst erloschen und zerfallen. Aus
den ehemaligen Tongruben sind kleine Seen
geworden, umgeben von Campingplätzen in einem Erholungsgebiet. Für Zehdenick war die
Havel immer eine Lebensader, denn die Schifffahrt bildete eine wichtige Erwerbsquelle. Der
Fluß wurde mehrmals begradigt und mit einer
Stadtschleuse versehen, deren Neubau von
1906 noch immer in Betrieb ist. Auch die alte
Zugbrücke am Hafen, im Zweiten Weltkrieg zerstört, erhielt nach behelfsmäßiger Instandset-
zung zur 775-Jahrfeier 1992 eine moderne Gestalt.

Am Stadtrand teilt sich der Fluß. Hier be-

oben: Biotop am Ufer der Schnellen Havel
rechts: Südlich von Zehdenick beginnt die Schnelle Havel
Seite 26/27: Seenlandschaft in der Mittelmark

ginnt der 1884 fertiggestellte Voßkanal, zu dem parallel die Schnelle Havel verläuft. Der Name wird dem flachen, verwucherten Flüßchen nicht mehr gerecht, seit der Kanal den Hauptanteil des Wassers in sich aufnimmt. Vorbei an dem aus dem 14. Jahrhundert stammenden Dorf Krewelin kommt er zur Schleuse Bischofswerder, deren neuer Betriebsteil im November 1990 eröffnet wurde. Die alte Schleuse von 1889, die nun stillgelegt ist, hat bisher zuverlässig ihren Dienst versehen und verdient, als technisches Denkmal der Gründerjahre erhalten zu bleiben, zumal sie voll betriebsfähig ist und bei Bedarf jederzeit wieder geöffnet werden kann.

An das Schleusengelände grenzt das Hotel »Preußischer Hof«. Als Gestüt der preußischen Armee Ende des 18. Jahrhunderts von dem Reitergeneral Hans Rudolf von Bischoffswerder gegründet, hat die Anlage schon vielfältige Verwendung gefunden. Sie diente als Lazarett, zur Champignonzucht und von 1936 an dem Reichsverband des Schuhmacherhandwerks als Fachschule. Nach 1945 erhielten hier Funktionäre ideologische Ausbildung an einer SED-Parteischule. Der »Preußische Hof« ist seit 1991 Seminar- und Tagungshotel der Bauern- und Wissenschaftsakademie Bischofswerder, steht aber auch Privatgästen offen, die in der angrenzenden Schorfheide Urlaub machen wollen.

Kurz vor Bischofswerder erreichen Voßkanal und Schnelle Havel den Landkreis Oranienburg. Bei Liebenwalde geht der Voßkanal in

oben: Das Schloß Oranienburg erhielt seinen Namen nach Luise Henriette, Prinzessin von Oranien
links: Verfallene Wasserburg bei Liebenwalde

den Malzer Kanal über, der in den Oder-Havel-Kanal mündet. Die Schnelle Havel schlängelt sich weiter auf die Stadt Oranienburg zu. Ein ansehnliches Rathaus und die von Karl Friedrich Schinkel geschaffene Stadtkirche bilden den Mittelpunkt der Kleinstadt Liebenwalde. Ihr Bahnhof ist Endstation einer vom Berliner Stadtrand kommenden Kleinbahn, die von Ausflüglern den liebevollen Namen »Heidekrautbahn« erhielt. Von der askanischen Burg, um 1230 als Grenzfeste angelegt, sind nur Rudimente erhalten. Die einst von Havelarmen umgebene Burg wurde auch mit Raubrittern in Verbindung gebracht. Ein altes märkisches Sagenbuch berichtet darüber:

»Auf dem alten Burgwall bei Liebenwalde stand früher eine Räuberburg. Dort sollen die Quitzows gehaust haben. Sie zogen eine Kette quer über die Brücke; das Ende der Kette wurde bis in die Burg geführt und eine Glocke daran befestigt. Wenn dann Kaufleute mit ihren Frachtwagen dort vorüberfahren wollten, stießen die Lastwagen an die nicht sichtbare Kette; die Glocke ertönte, sie gab den Räubern, namentlich in der Nacht, ein sicheres Zeichen, daß sich Gelegenheit biete, Beute zu machen. Diese überfielen die ahnungslosen Kaufleute und plünderten sie aus. Viele Kaufleute wurden erschlagen, und als man später einen alten Brunnenschacht bloßlegte, da fand man auf dem Grunde zahlreiche Menschenknochen, Waffenstücke und Rüstungen.«

Im 19. Jahrhundert saßen brandenburgische Adelsfamilien als Amtsherren auf einer neu erbauten Vogteiburg. Für die verfallenen Gebäude hat der jetzt aus Westdeutschland zurückgekehrte Besitzer einen umfangreichen Sanierungsplan entworfen.

oben: 775-Jahr-Feier in Zehdenick im Sommer 1992
rechts: Schmiedeeisernes Tor zum Stadtpark Oranienburg

Die Schleuse bei Liebenwalde ist der Ausgangspunkt des Finow-Kanals, dessen erster Ab-
schnitt als Langer Trödel bezeichnet wird. Bereits Anfang des 17. Jahrhunderts begannen die
brandenburgischen Kurfürsten eine künstliche
Wasserstraße zwischen der Havel und der Oder
anzulegen. Sie folgte dem Verlauf des Eberswalder Urstromtals und bezog den Fluß Finow
mit ein. Das mühsam geschaffene Kanalbett
und die Holzschleusen verfielen jedoch während des Dreißigjährigen Krieges. Erst einhundert Jahre später griff König Friedrich II.
das Projekt wieder auf und ließ unter Verwendung der alten Trassenführung einen neuen
Kanal bauen, der 1746 eröffnet wurde. Ständige

Ausbauten und Schleusenerweiterungen machten den Finow-Kanal zum großen Schiffahrtsweg, der mit anderen neuen Kanälen im
Oranienburger Raum und an der Oder verbunden wurde. Als seine Beförderungskapazität
durch die voranschreitende Industrialisierung
nicht mehr ausreichte, wurde von 1905 bis 1914
neben ihm der Oder-Havel-Kanal geschaffen,
dessen technische Krönung das 1934 fertiggestellte Schiffshebewerk Niederfinow darstellt.
Beide Kanäle bilden die große Havel-Oder-Wasserstraße, für die der Finow-Kanal überwiegend
Fahrgastschiffe und Sportboote aufnimmt. Die
Frachtschiffahrt verläuft auf dem Oder-Havel-
Kanal von Berlin kommend über die Schleuse
am Lehnitzsee bei Oranienburg bis Hohen-
saaten an der Oder.

Bevor die Havel die Kreisstadt Oranienburg
durchfließt, zweigt der 1837 entstandene Oranienburger Kanal ab, der westlich an der Stadt
vorbeigeht und sich im Süden wieder mit der
zum Oder-Havel-Kanal ausgebauten Havel vereinigt.

Von Wasserläufen umgeben entstand schon
um 1200 eine Burg, in deren Schutz der Ort
Bochzowe lag. Anfang des 15. Jahrhunderts war
die Burg Bötzow im Besitz der Raubritterfamilie
von Quitzow, die von hier ihre Raubzüge bis
Berlin ausdehnte. Kurfürst Joachim II. ließ die
Burg abreißen und ein Jagdhaus errichten. Der
Große Kurfürst Friedrich Wilhelm schenkte
1650 das »Amt Bötzow mit allen dazugehören-
den Dörfern und Mühlen, Triften und Weiden,
Seen und Teichen« seiner Gemahlin Luise
Henriette, einer Prinzessin von Oranien. Von
der Landschaft an ihre Heimat erinnert, beauf-
tragte sie niederländische Baumeister mit der
Anlage eines Schlosses, das den Namen Oranienburg erhielt. Der kleine Fischerort Bötzow
nannte sich bald ebenso und entwickelte sich
zur Stadt. Die Kurfürstin siedelte Bürger und
Bauern an und schuf einen landwirtschaftlichen Musterbetrieb mit Viehzucht, Molkereien
und Brauereien. Auch stiftete sie einen Kirchen-
bau und ein Waisenhaus. Ihr Sohn, der spätere
erste preußische König Friedrich I., der im
Schloß Oranienburg geboren wurde, ließ dieses

Radwanderer in der Mittelmark

im Barockstil umgestalten und an dem mit allegorischen Figuren der vier Jahreszeiten gekrönten Mittelrisalit eine lateinische Inschrift anbringen. In der Übersetzung besagt sie:

»Dieses von Luise, Prinzessin von Oranien, der besten Mutter, erbaute und mit dem Namen ihrer Herkunft ausgezeichnete Schloß hat Kurfürst Friedrich III. im Gedächtnis an seine frömmsten Eltern erweitert und geschmückt im Jahre 1690.«

Auf dem Vorplatz erinnert ein Denkmal an die Gründerin Oranienburgs. Am Schloß entstand ein Lustgarten, dessen Barocktor noch immer den Eingang zu einem großen Landschaftspark bildet.

Mit Friedrich Wilhelm I. begann der Nieder-

gang des Schlosses. Der Soldatenkönig zeigte wenig Interesse an der Residenz seiner Vorfahren. Er ließ sogar die Orangerie und andere Zierbauten im Park abreißen und das Baumaterial anderweitig verwenden. Dafür widmete er sich dem Ausbau der Stadt und gründete Manufakturen. Nach seinem Regierungsantritt schenkte Friedrich II. Oranienburg seinem Bruder August Wilhelm als Wohnsitz. Als der Prinz wegen militärischen Versagens im Siebenjährigen Krieg beim königlichen Bruder in Ungnade gefallen war, zog er sich hierher zurück und starb vereinsamt und vergrämt. Ende des 18. Jahrhunderts war das Schloß Oranienburg für kurze Zeit Sommersitz von König Friedrich Wilhelm III. und Königin Luise, dann wurde das Inventar in das Berliner Schloß Charlottenburg verbracht und das Gebäude an einen Fabrikanten verkauft, der in den Räumen Webstühle aufstellte und Baumwollverarbeitung betrieb. Einige Jahre später zog eine chemische Fabrik ein, die Schwefelsäure, Salmiak und Soda herstellte. Schließlich übernahm 1832 die »Chemische Produktenfabrik zu Oranienburg« die Anlage. Ihr Leiter, Professor Friedrich Runge, wurde mit seinen Entdeckungen der Karbolsäure und vor allem des Anilin als Grundstoff für Teerfarbenproduktion weltbekannt. Der Chemiefabrik folgte nach einem Umbau 1850 ein Lehrerseminar, und 1925 belegten Soldaten der Reichswehr das Schloß als Kaserne. Nach 1945 war eine Einheit der DDR-Volksarmee hier untergebracht. Das Gebäude, das nur durch seine Fassade als ehemaliges Schloß erkennbar ist, wird heute von der Stadtverwaltung genutzt.

Die historisch bedeutsamen Zeiten Oranienburgs sind lediglich im Stadtmuseum, dem alten Amtshaus, anhand von eindrucksvollen Ausstellungsstücken noch nachvollziehbar. Die märkische Kreisstadt an der Havel lebt im zeitgemäßen Grau ihrer vielfältigen Dienstleistungsfunktionen.

Die Geschichte Oranienburgs wird von dem grauenhaften Geschehen überschattet, das mit dem Namen seines Vorortes verbunden ist: Sachsenhausen. Auf dem weiten dreieckigen Gelände des ehemaligen Konzentrationslagers dokumentiert eine Gedenkstätte die Verbrechen des Nationalsozialismus. Mehr als 200 000 Häftlinge haben hier von 1936 bis zum Kriegsende 1945 unter dem menschenverachtenden Regime der SS unsägliche Leiden ertragen müssen. Annähernd 100 000 von ihnen starben unter Mißhandlungen oder wurden hingerichtet. Die sowjetische Besatzungsmacht hat die Baracken bis 1950 als Internierungslager genutzt. Nicht allein NS-Verbrecher waren inhaftiert, sondern auch Menschen, die sich aus politischer Überzeugung dem kommunistischen Machtanspruch widersetzten. Menschenunwürdige Lebensbedingungen, Unterernährung und Krankheit haben schätzungsweise 20 000 Tote gefordert. Die Massengräber des »Speziallagers 7« der sowjetischen Staatspolizei NKWD wurden

Wassersportler auf der Oberhavel

1991 entdeckt und sollen in die Neugestaltung der Gedenkstätte Sachsenhausen einbezogen werden. Von den ehemaligen Holzbaracken sind zwei erhalten. Mit einer Ausstellung wird hier der Leiden jüdischer Häftlinge unter dem Nationalsozialismus gedacht. Weltweite Empörung hat im Sommer 1992 ein Brandanschlag durch offensichtlich neonazistische Gewalttäter hervorgerufen.

Außerhalb des ehemaligen Konzentrationslagers stehen Steinbaracken, von einem Stacheldrahtzaun umgeben. Ihre Verwendung in den vergangenen fünfzig Jahren symbolisiert in besonderer Weise diesen Zeitabschnitt deutscher Geschichte: Zuerst waren sie ein Lager für englische Kriegsgefangene, dann Gefängnis für Ver-

NATIONALE MAHN-
UND GEDENKSTÄTTE
SACHSENHAUSEN

Erst Häuser
danach Menschen
dann Gedenkstätten
und wieder Menschen

urteilte sowjetischer Militärtribunale, zuletzt Munitionsbunker der DDR-Volksarmee. Noch immer bleibt vieles geschichtlich aufzuarbeiten. Eine Stiftung »Brandenburgische Gedenkstätten« wird die ehemaligen Konzentrationslager Ravensbrück und Sachsenhausen als Orte mahnender Erinnerung pflegen.

Südlich von Oranienburg zweigt von der Havel, die hier zum Oder-Havel-Kanal ausgebaut ist, ein Stichkanal nach Velten ab. »Dorf Velten ist bekannt überall, wo's Öfen gibt, und wo zur Winterzeit man warme Stuben liebt«, hieß es früher in Schullesebüchern. Die mittelalterliche Siedlung entwickelte sich in der zweiten Hälfte

des 19. Jahrhunderts zum Hauptindustrieort Deutschlands für Kachelöfen. Insgesamt 36 Fabriken entstanden, die 1935 eine Gesamtjahresproduktion von über 100 000 Öfen erreichten. Ton, Lehm und Ziegelerde wurden in der näheren Umgebung gewonnen und lieferten auch das Material für die Herstellung von Kachelfliesen, Kaminen und Baukeramik. Viele Fabrikanlagen mußten ihre Produktion einstellen, nachdem Zentralheizungen Einzug in die Wohnungen hielten. Die keramische Industrie in Velten ist nur mit einigen Werken erhalten geblieben.

Im Nachbarort Marwitz hat eine bekannte keramische Manufaktur ihren Standort. Hedwig Bollhagen, die 1934 hier ihre »Werkstätten für Keramik« gründete und für ihre formschönen Erzeugnisse 1937 auf der Pariser Weltaus-

Außenlager am ehemaligen Konzentrationslager Sachsenhausen

stellung eine Goldmedaille erhielt, leitet mit energievoller Schaffenskraft noch immer den Betrieb. Die von der jetzt über achtzigjährigen Künstlerin entworfenen Vasen, Kaffee- und Teegeschirre, Schüsseln, Schalen und Dosen zeichnen sich durch ein Linien- und Streifendekor aus, das märkische Tradition und modernes Lebensgefühl in sich vereinigt. HB, wie ihre treuen Mitarbeiter sie nach dem Firmenzeichen respektvoll nennen, hatte es nicht immer leicht, die Manufaktur über wechselvolle Jahrzehnte hinweg am Leben zu erhalten. In einen staatlichen Betrieb umgewandelt, unterstand ihr Unternehmen ab 1972 der VEB Steingutfabrik Rheinsberg und von 1975 an dem Staatlichen Kunsthandel der DDR. Als Betriebsdirektorin wollte man allerdings nicht auf sie verzichten, und so blieb sie ihrem Lebenswerk verpflichtet. Nun hat sie ihre Werkstätten als Eigentum zurückerhalten und mit Teilhabern eine GmbH gegründet. Wirtschaftliche Schwierigkeiten haben in den letzten Jahren zwar eine Verringerung der Arbeitskräfte bedingt, doch rechnet Hedwig Bollhagen unbeirrt mit einem wieder zunehmenden Bedarf ihrer Erzeugnisse, zu denen auch baukeramische Ornamente und Schmuckfliesen gehören. In der Reife des Alters meistert die ihrer märkischen Heimat verbundene Frau mit sicherer Hand die vielseitigen künstlerischen und betriebstechnischen Anforderungen. Qualitätsware in Serienproduktion geht von Marwitz in die Haushalte weit über das Havelland hinaus.

Am Westufer der kanalisierten Havel zieht sich über mehrere Kilometer das Industriegebiet von Hennigsdorf entlang. Die günstige Lage am Schiffahrtsweg veranlaßte die AEG um 1910, dort Gebäude zu kaufen und Fabriken für Porzellanisolatoren, Öltuche, Lacke und Heizapparate zu errichten. Zusätzlich wurde 1913 die Fertigung von Dampf- und Elektrolokomotiven von Berlin nach Hennigsdorf verlegt. Der Erste Weltkrieg brachte eine Umstellung der Produktion auf Rüstungsgüter, zu denen auch Flugzeuge gehörten. Nach 1918 stand die Herstellung von Isolierstoffen, Lacken und Lokomotiven wieder im Vordergrund. Die Anlagen wurden ausgebaut und erweitert. Ein eigenes Stahlwerk entstand auf einem angrenzenden Gelände, das 1927 dann ohne weitere Beteiligung der AEG als »Stahl- und Walzwerk AG« von anderen Großunternehmen weitergeführt wurde und sich zu einem Zentrum der Schwerindustrie am Rande Berlins entwickelte. Die Hennigsdorfer Stahlwerker waren dafür bekannt, ihre Interessen und Rechte als Facharbeiter auch mit Arbeitsniederlegungen zu verteidigen. Ende der zwanziger Jahre brachten Streikunruhen die Produktion wiederholt zum Erliegen. In die jüngste deutsche Geschichte gingen sie ein, als sie am 17. Juni 1953 zu Tausenden nach Berlin marschierten, um sich mit den streikenden Bauarbeitern der Stalinallee zu einer Großdemonstration gegen Lohnsenkungen zu vereinigen. Da sich die spontane Streikbewegung rasch auch mit politischen Forderungen über die gesamte DDR ausgedehnt und die SED-Staatsführung nahezu handlungsunfähig gemacht hatte, schlugen sowjetische Truppen den Volksaufstand nieder. Von den anschließenden Verfolgungen und Verurteilungen der Demonstrationsteilnehmer waren auch die Hennigsdorfer Stahlwerker stark betroffen. In der DDR-Planwirtschaft gehörte das VEB-Stahl- und Walzwerk in Hennigsdorf neben dem gleichartigen Werk in Brandenburg zu den wichtigsten Kombinaten der Schwerindustrie. Beide Betriebe sind 1992 von einem italienischen Konzern übernommen worden und sollen in einem Gesamtkonzept der EG für die

Die 85jährige Künstlerin Hedwig Bollhagen gründete 1934 die Keramischen Werkstätten in Marwitz.

Stahlerzeugung ihren zukünftigen Platz finden.

Auf dem Firmengelände der AEG in Hennigsdorf konzentrierte sich die Produktion in den dreißiger Jahren auf Dampflokomotiven. Es entstand eine Zusammenarbeit mit Teilen der Borsig-Werke, die 1935 in den alleinigen Besitz der AEG übergingen. Gleichzeitig machte die Entwicklung von elektrischen Vollbahnlokomotiven und von Schnelltriebwagen für Fern-, U- und S-Bahnen große Fortschritte. Die Zahl der Beschäftigten stieg auf 11 000 an. Nach dem Zweiten Weltkrieg wurden die stark zerstörten Werkanlagen von der sowjetischen Besatzungsmacht beschlagnahmt, teilweise demontiert und schließlich enteignet. Als volkseigener Be-

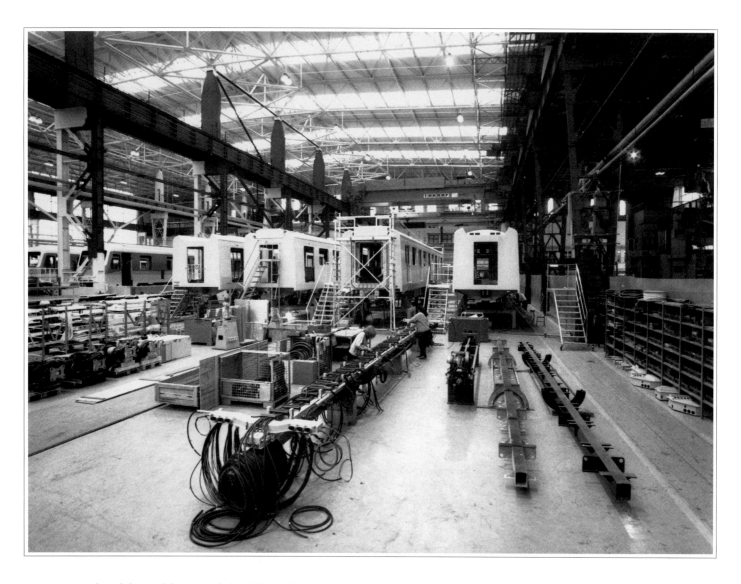

trieb nahm das Werk 1948 die Fertigung von elektrischen Lokomotiven wieder auf und erweiterte sein Programm insbesondere für den Export auf Straßenbahntriebwagen, Diesellokomotiven und Erz-Transportwagen für den Bergbau. Das Hennigsdorfer Werk war dann ab 1970 Stammbetrieb des »Kombinats VEB Lokomotivbau Elektromaschinenwerke (LEW)«, zu dem neben der Herstellung von Schienentriebfahrzeugen auch mehrere Produktionsbereiche im Maschinenbau und in der Elektrotechnik gehörten.

Nach der Umwandlung des Kombinats LEW in eine GmbH übernahm die AEG 1992 den Schienenfahrzeugbereich als Tochtergesell-

schaft. Bereits seit 1988 war eine Zusammenarbeit von AEG und LEW unter den schwierigen innerdeutschen Wirtschaftsbeziehungen entstanden, aus der Intercity-Triebzüge für das griechische Eisenbahnnetz hervorgingen. Langfristige Projekte stehen nun in den Auftragsbüchern: Züge für das Berliner Straßenbahnnetz und für eine Metro in Shanghai, die als »unterirdischer Drachen« die Verkehrsprobleme der chinesischen Hafenstadt lösen soll. Auch die Bundesbahn hat Großraumwagen für Intercity-Züge bestellt. Seit Betriebsbeginn 1913 sind von dem Werkgelände an der Havel nahezu 20 000 verschiedenartige Schienenfahrzeuge in alle Welt gerollt und haben Hennigsdorf bekannt gemacht. Der kleine Ort, der vor achtzig Jahren einige hundert Einwohner zählte, hat seit 1962 Stadtrecht und wird seine Bedeutung

Landschaftsmaler bei Krewelin

als Industriestandort mit über 25 000 Einwohnern in Zukunft erneut bestätigen.

Zwischen Hennigsdorf und Niederneuendorf beginnt der Havelkanal seinen 35 Kilometer langen Weg zunächst in westlicher Richtung, um dann bei Brieselang nach Süden abzubiegen. Er verbindet die Oberhavel mit der Unterhavel, in die er bei Paretz einmündet. Nach nur dreizehnmonatiger Bauzeit wurde er im Sommer 1952 eröffnet. Nicht allein seine damalige Bezeichnung »Kanal des Friedens« ließ erkennen, daß seine Entstehung von politischen Erwägungen der DDR diktiert wurde. West-Berlin sollte von der volkseigenen Transportschiffahrt weiträumig umgangen werden. Unter Verwendung vorhandener Kanalsysteme im Havelland entstand so eine Erweiterung des Wasserstraßennetzes, die auch künftig von Nutzen sein kann. Am Niederneuendorfer See erreicht die Havel die Berliner Stadtgrenze.

Am Stadtrand
von Berlin

Berlin liegt an der Havel« ist eine nur selten zu hörende Feststellung, denn: »Durch Berlin fließt immer noch die Spree«. Daß sich die Spreemündung in die Havel am heutigen westlichen Stadtrand befindet, ist dem Gesetz des preußischen Landtags von 1920 zu verdanken, durch das die Stadtgemeinde Groß-Berlin entstand. Die damals hinzugekommenen Landgemeinden und Gutsbezirke der brandenburgischen Landkreise Niederbarnim, Teltow und Osthavelland sowie der selbständige Stadtkreis Spandau brachten die Havel in die vergrößerte Reichshauptstadt ein. Nach 1945 erlitt sie am Anfang und am Ende ihrer Berlin-Passage das Schicksal eines streng bewachten Grenzflusses. Fest verankerte Bojen beider Seiten teilten den Fluß. Die Markierungen des Senats von Berlin trugen die Aufschrift »Zonengrenze«, die der DDR deren Staatswappen. Auch die drei Schutzmächte West-Berlins standen an der Havel: im Norden die Franzosen in dem zu ihrem Sektor gehörenden Bezirk Reinickendorf, in der Mitte die Briten in den Bezirken Spandau und Wilmersdorf und im Süden die Amerikaner im Bezirk Zehlendorf. In dem von seinem natürlichen Umland und vom östlichen Teil der Stadt abgetrennten West-Berlin wurde die Havel mit den an ihren Ufern liegenden Wäldern über Jahrzehnte zum wichtigsten Naherholungsgebiet für zweieinhalb Millionen Menschen.

Eine von Norden nach Süden verlaufende Seenkette bildet überwiegend das Flußbett für den 22 Kilometer langen Havellauf am Stadtrand. Den Anfang macht der Niederneuendorfer See. Von dem zum brandenburgischen Landkreis Oranienburg gehörenden Dorf, das dem See seinen Namen gibt, ist nach Abriß der Mauer und der Grenzbefestigungen wieder ein freier Blick auf den am gegenüberliegenden Ufer zu sehenden Berliner Vorort Heiligensee möglich. Früher waren beide Orte durch eine Fähre verbunden, an die nur noch das als Restaurant dienende Alte Fährhaus in Heiligensee

erinnert. Aus dem 1308 erstmals urkundlich erwähnten Angerdorf ist inzwischen ein Stadtteil im Bezirk Reinickendorf geworden. Um den kleinen mit der Havel verbundenen Heiligensee, nach dem der Ort benannt ist, ranken sich viele Sagen. Einst soll hier eine germanische Kultstätte gewesen sein. Die angrenzenden Villenkolonien Konradshöhe und Tegelort sind in den Gründerjahren am Südrand des Stadtforstes Tegel entstanden.

Als vier Kilometer lange Ausbuchtung der Havel streckt sich der Tegeler See mit sieben kleinen Inseln zwischen dem Tegeler Forst und der Jungfernheide hin. Auf der Halbinsel Reiherwerder liegt die Anfang des Jahrhunderts als Familienwohnsitz erbaute Villa Borsig. Die bekannten Industriewerke waren zu dieser Zeit von der Berliner Innenstadt an die Ostseite des Tegeler Sees verlegt worden. Von seiner Villa fuhr der Firmeninhaber, ein Enkel des Gründers der August-Borsig-Maschinenbauanstalt für Lokomotiven, täglich mit dem Schiff über den See zu den Fabrikanlagen. In der Villa Borsig unterhält die Deutsche Stiftung für internationale Entwicklung ein Seminarzentrum für Führungskräfte aus der Dritten Welt. Beim Ausbau Berlins zur Bundeshauptstadt ist das repräsentative Gebäude als Gästehaus des Bundeskanzleramtes für Empfänge und Veranstaltungen im Gespräch.

Bis an die Nordspitze des Tegeler Sees dehnt sich der Park aus, der das Schloß Tegel umgibt. Das mehrmals umgestaltete ehemalige Jagdschloß des brandenburgischen Kurfürsten Joachim II. ist seit 1766 im Besitz der Familie von Humboldt. Die heutige klassizistische Form schuf Karl Friedrich Schinkel 1824 für den Diplomaten und Gelehrten Wilhelm von Humboldt, dessen Wohnräume und Antikensammlungen als Museum erhalten sind. Im Schloßpark befindet sich die ebenfalls von Schinkel gestaltete Grabstätte der Familie von Humboldt.

Das aus dem 14. Jahrhundert stammende Dorf Tegel ist durch Johann Wolfgang von Goethe in die Weltliteratur eingegangen. Als er 1778 den Ort besuchte, hörte er von Spukgeschichten, die sich im alten Forsthaus ereignet

oben: Die Glienicker Brücke verbindet Berlin und Potsdam
unten: Surfer am Wannsee

Havelbucht am Rande des Grunewalds in Berlin

See läuft die Havel südwärts an Industrie- und Wohngebieten vorbei und erreicht hinter der Insel Eiswerder die Spandauer Schleuse. Bereits im 18. Jahrhundert war hier eine Wasserregulierung, die den jeweiligen Erfordernissen angepaßt wurde, bis die heutige Schleuse 1911 den Betrieb aufnahm. Der Ausbau der Havel zur Wasserstraße für große Frachtschiffe hat oft zu Diskussionen über eine Verbreiterung der Schleusenkammer geführt. Da derartige Ausbauten jedoch die angrenzende historische Zitadelle gefährdet hätten, widersprachen die Spandauer energisch allen bisherigen Planungen. Unter Einbeziehung der Kanäle in und um Berlin hat die Bundesregierung nun ein Ausbauprogramm für die Wasserwege vorgelegt, bei dem der Landschaftsschutz absoluten Vorrang haben soll. Zumindest für den Ausflugsverkehr bleibt die Spandauer Schleuse weiterhin der Schnittpunkt zwischen Oberhavel und Unterhavel.

Unweit der Schleuse fließt die Spree nach ihrem 382 Kilometer langen Weg von der Lausitz über den Spreewald und durch die Berliner Innenstadt in die Havel. Obwohl die Spree, gemessen an dem bis hier zurückgelegten Flußlauf der Havel, die doppelte Länge aufweist und auch insgesamt über 40 Kilometer länger ist, gibt sie ihren Namen an die märkische Flußschwester ab. Die vereinigten Flüsse nehmen an Breite und Wassermenge zu, vor allem nach Erreichen des großflächigen Potsdamer Seengebiets.

Eine durchschnittliche Breite von 600 Metern mißt die Havel bereits zwischen der Nauener Platte am Ostrand des Havellandes und dem Berliner Grunewald. Der zu den Bezirken Wilmersdorf und Zehlendorf gehörende neun Kilometer lange und fünf Kilometer breite Stadtforst ist mit den zum Fluß abfallenden Erhebungen Dachsberg, Karlsberg und Havelberg seit Anfang des 19. Jahrhunderts zum beliebtesten Ausflugsgebiet der Großstädter geworden. Traditionsreiche Gaststätten liegen als Haltepunkte an den Routen der Fahrgastschiffahrt und laden zum Verweilen ein.

Zu Füßen des Dachsbergs erinnert die Halb-

haben sollen. Als der Berliner Buchhändler und Schriftsteller Christoph Friedrich Nikolai an der Akademie der Wissenschaften einen Vortrag über Tegeler Spuk- und Schreckgestalten hielt, nahm Goethe dies zum Anlaß, ihn zu verspotten. So entstand der vielzitierte Vers:

>»Das Teufelspack es fragt
nach keiner Regel,
wir sind so klug und dennoch
spukt's in Tegel.«

An der Seeseite von Alt-Tegel zieht sich die Greenwich-Promenade entlang mit Parkanlagen und Passagierbrücken für die Ausflugsschiffe der Berliner Reedereien. Vom Tegeler

Borsig-Villa auf der Halbinsel Schwanenwerder

insel Schildhorn an frühe brandenburgische Geschichte. Nachgewiesen ist, daß es im Jahre 1157 zwischen dem askanischen Markgrafen Albrecht dem Bären und dem Wendenfürsten Jaczo von Köpenick bei Groß-Glienicke zu einer Schlacht kam, in der das slawische Heer aufgerieben wurde. Die Sage erzählt, daß Jaczo auf der Flucht mit seinem Pferd die Havel durchschwommen haben soll. Als die Kräfte des Tieres erlahmten, habe er seinen alten heidnischen Göttern abgeschworen und gelobt, bei glücklicher Rettung zum Christentum überzutreten. In seinen »Brandenburgischen Gedichten« hat Otto Heinrich Böckler in über zwanzig Strophen die Schildhornsage dramatisch geschildert. Besonders die letzten Zeilen sind ein Beispiel der heimatbetonten Empfindungswelt in der Kaiserzeit:

»Jetzt am Ufer sinkt der Wendenherzog
tief ergriffen betend in das Knie:
Christengott, der du mein Hort gewesen,
deinen neuen Lehnsmann Jaczo sieh!
Was ich dir gelobt, will treu ich halten,
Leben weih' ich hiermit dir und Land!
Und der Schild, den ich bisher getragen,
diene meinem Schwur als Unterpfand.
An den Stamm gehängt hier dieser Eiche,
sei ein Zeichen er dess', was ich sprach,
und das Uferhorn mit meinem Schilde
dran erinnre bis zum spätsten Tag.
Auf dem steilen Havelufer droben,
wo der Blick die Stätten rings umspannt,
die von Jaczos kühner Tat dir künden,
rauscht der Wald die Weise wohlbekannt.«

47

oben: *Aussichtsplattform auf dem Grunewaldturm*
links: *Zwischen Grunewald und Nauener Platte hat die*
Havel eine durchschnittliche Breite von 600 Metern

Auf der Anhöhe der Halbinsel Schildhorn ließ
der preußische König Friedrich Wilhelm IV. ein
Denkmal in Form eines Baumstammes mit
Kreuz und Schild errichten.

In Sichtweite zum Ufer verläuft die Havel-
chaussee durch den Grunewald. Auf dem Karlsberg führt sie am Grunewaldturm vorbei. Franz
Schwechten, der Erbauer der Berliner Kaiser-
Wilhelm-Gedächtniskirche, gestaltete ihn 1897
im märkischen Backsteinstil. Ein überlebens-
großes Denkmal Kaiser Wilhelms I. in der Ein-
gangshalle bezeugt, daß das Bauwerk ihm zum
Gedächtnis vom Landkreis Teltow in Auftrag
gegeben wurde. Die mehr als einhundert Meter

über der Havel gelegene Aussichtsplattform bietet einen weiten Blick über das Havelland und
das Stadtgebiet. Im Berliner Volksmund heißt
der Grunewaldturm wegen seiner Form »Kaisers Zigarrenabschneider«.

Mit 97 Metern ist der Havelberg die höchste
Erhebung im Grunewald. Von dem gewunde-
nen Höhenweg fallen tiefe Rinnen und
Schluchten steil bergab zur Havel. Heller märkischer Sand markiert die Badestelle an der
Lieper Bucht. Ihr Name ist von dem slawischen
Wort Lipa für Linde abgeleitet. Die kleine vor-
gelagerte Insel Lindwerder ist ebenfalls nach
dem für die Mark Brandenburg typischen
Baum benannt. Eine andere Badebucht kurz
vor dem Wannsee trägt wegen der freien Aus-
sicht bis Spandau die Bezeichnung »Großes
Fenster«.

In Spandau mündet die Spree in die Havel.

Am Beginn der als Großer Wannsee bekannten Havelausbuchtung liegt die Insel Schwanenwerder, die durch einen Damm mit dem Festland verbunden ist. Die seit den späten Gründerjahren von finanzkräftigen Unternehmern und Künstlern bewohnten Villen werden heute meist als Erholungsheime oder Seminarstätten genutzt. An der Inselstraße steht eine korinthische Säule aus den Tuilerien, die 1883 beim Abriß des Pariser Schlosses auf die Insel kam. Bedeutungsvoll lautet die Inschrift:

> »Dieser Stein vom Seinestrande
> hergepflanzt in deutsche Lande,
> ruft dir, Wanderer, mahnend zu:
> Glück, wie wandelbar bist du!«

Das Strandbad Wannsee mit seinem 1300 Meter langen Sandstrand ist das größte Binnenseebad Europas, zu dem im Sommer Zehntausende sonnenhungriger Großstädter ziehen. Die formschönen Anlagen am »Lido von Berlin« entstanden Anfang der dreißiger Jahre, nachdem sich dort bereits zur Jahrhundertwende eine Badeanstalt großer Anziehungskraft erfreute. Am Bahnhof Wannsee liegt in einem Park der Berliner »Wasserbahnhof«. Von hier fahren die Ausflugsschiffe nach festen Fahrplänen nordwärts nach Tegel und südwärts zum Potsdamer Seengebiet und bis zur Stadt Brandenburg. »Wannsee in Flammen« heißt das alljährliche große Feuerwerk zum Abschluß der Sommersaison.

Doch am Wannsee hat auch ein geschichtlich belastendes Ereignis stattgefunden. Im Januar 1942 wurde in einer Villa das berüchtigte Wannsee-Protokoll zur »Endlösung der Judenfrage« erlassen, dessen Folgen unendliches Leid brachten. Eine Gedenkstätte in der Wannsee-Villa mahnt mit Dokumenten, dieses Unrecht nie zu vergessen.

Auf der dem Wannsee und dem Grunewald gegenüberliegenden Havelseite ziehen sich lange Promenadenwege am Ufer entlang. Weithin sichtbar ist eine repräsentative Villa im englischen Landhausstil. Der Berliner Schuhputzfabrikant Lemm ließ sie Anfang des Jahrhunderts erbauen. Nach dem Kriege war sie Residenz des britischen Stadtkommandanten. In der Villa Lemm wohnten auch Queen Elizabeth und andere Mitglieder des englischen Königshauses bei Besuchen in Berlin.

Zwei alte Dörfer am Ostrand des Havellandes gehören heute zum Bezirk Spandau. Gatow und Kladow sind Mitte des 13. Jahrhunderts entstanden, haben jedoch nur noch wenig dörfliches Aussehen. Bauernhäuser sind zu modernen Wohnungen oder zu Künstlerateliers umgestaltet worden, Neubauten bilden gepflegte Vororte. Einige landwirtschaftliche Betriebe sind erhalten geblieben. Hier können die Berliner Erdbeeren, Salat und Gemüse selbst ernten und feldfrisch preiswerte Ware erwerben. Zugleich ein gesunder Freizeitspaß für die ganze Familie.

Inmitten der Havel tut sich ein romantisches Eiland auf. Als die Pfaueninsel noch Kaninchenwerder hieß, umgab sie bereits der Hauch des Geheimnisvollen. An Tiegeln und Schmelzöfen hantierte der Alchimist Johann Kunckel von Löwenstern, um im Auftrag des Großen Kurfürsten Gold zu erzeugen. Immerhin gelang es ihm dabei, Rubinglas herzustellen. Nachdem die Kristallglashütte 1689 abgebrannt war, geriet die Insel für einhundert Jahre wieder in Vergessenheit. König Friedrich Wilhelm II. entdeckte sie 1793 neu und ließ in Sichtweite seines Potsdamer Marmorpalais ein Schlößchen im Stil einer römischen Ruine errichten. Seine Geliebte, die »schöne Wilhelmine Encke«, von ihm zur Gräfin Lichtenau ernannt, gab die Anregung für das Lustschloß. Später wurden Schloß und Insel von Friedrich Wilhelm III. und

Königin Luise als Sommersitz genutzt. Peter Joseph Lenné gestaltete die Parkanlagen als Landschaftsgarten, und Karl Friedrich Schinkel schuf die Pläne für den Bau eines Kavalierhauses und einer Meierei. Der König richtete eine Menagerie ein, die zum Grundstock des Berliner Zoologischen Gartens wurde. Der Bevölkerung war schon seit 1835 zunächst zweimal wöchentlich der Zutritt zur Insel möglich. Tausende Besucher bewunderten die frei umherlaufenden Pfauen und andere exotische Schönheiten der Tier- und Pflanzenwelt. Seit 1924 steht die Pfaueninsel unter Naturschutz und ist noch immer

Denkmal auf der Halbinsel Schildhorn um 1900

ein Ziel ökologisch bewußter Spaziergänger.

Oberhalb der Fähre zur Pfaueninsel verläuft eine Hügelkette im Berliner Stadtforst Düppel. Ein Höhenweg führt zum Aussichtsrestaurant Nikolskoe. Das im russischen Stil erbaute Blockhaus war ein Geschenk König Friedrich Wilhelms III. an seine Tochter Charlotte, die als Alexandra Feodorowna mit dem Großfürsten und späteren Zaren Nikolaus vermählt war. Bei einem Besuch des russischen Herrscherpaares wurde es 1819 eingeweiht und erhielt den Namen Nikolskoe, »dem Nikolaus zu eigen«. Ein dort als Verwalter lebender russischer Leibkutscher eröffnete später eine zunächst nicht genehmigte Schankwirtschaft, aus der sich eines der schönsten Lokale an der Havel entwickelte.

Neben dem Blockhaus entstand 1837 die mit einem Zwiebelturm geschmückte Kirche St. Peter und Paul. An der Außenwand ist das Glockenspiel der abgerissenen Potsdamer Garnisonskirche verkleinert nachgebildet. Zu jeder vollen Stunde erklingt der Choral »Üb immer Treu und Redlichkeit«.

Gegenüber der Bucht Moorlake liegt auf der Potsdamer Havelseite die Sacrower Heilandskirche. Unmittelbar hinter der 1845 erbauten Basilika verlief 28 Jahre die Mauer und sperrte die Gemeinde des Grenzdorfes Sacrow von ihrer Kirche ab. Weihnachten 1989 fand wieder ein Gottesdienst in dem stark vernachlässigten Bauwerk statt. Aus Spendenmitteln wird die in die Weltdenkmalsliste der Unesco aufgenommene Sacrower Heilandskirche nun grundlegend rekonstruiert.

Auf der Berliner Seite der zum Jungfernsee erweiterten Havel erstreckt sich der Landschaftspark des Schlosses Klein Glienicke bis zur Glienicker Brücke. Schon im 17. Jahrhundert ließ der Große Kurfürst hier eine Holzbrücke über die Havel bauen, die später durch eine Steinbrücke und 1907 durch eine Eisenkonstruktion ersetzt wurde. In den letzten Apriltagen 1945 sprengten Wehrmachtspioniere die Brücke vor der heranrückenden sowjetischen Armee. Der Wiederaufbau dauerte bis Ende 1949. Von 1961 an durfte sie nur noch von alliierten Offizieren und Diplomaten benutzt werden, die in Potsdam beim Hauptquartier der sowjetischen Besatzungstruppen Militärmissionen unterhielten. Mehrmals war die Glienicker Brücke spektakulärer Schauplatz für Austauschaktionen von Agenten und Spionen des Kalten Krieges. Die DDR nannte den Über-

oben: *Agentenaustausch auf der Glienicker Brücke*
links: *Sacrower Heilandskirche*

gang offiziell »Brücke der Einheit«. Bis Ende 1989 war auf Schildern des Senats von Berlin zu lesen: »Glienicker Brücke – Die ihr den Namen ›Brücke der Einheit‹ gaben, bauten auch die Mauer, zogen Stacheldraht, schufen Todesstreifen und verhindern so die Einheit.«

Die Havelbrücke, lange Zeit Symbol der Teilung, ist nun wieder Verbindungsstück auf der Bundesstraße 1, der alten Reichsstraße, die einst über eintausend Kilometer von Königsberg nach Aachen führte. Hier verläßt der märkische Fluß die Großstadt. Seine Ufer am Stadtrand zeigen die enge landschaftliche, kulturelle und geschichtliche Verbundenheit Berlins mit dem Land Brandenburg. Vielleicht wird die Havel eines Tages nicht mehr Verwaltungsgrenze zwischen den zwei Bundesländern sein und kann zum Herzstück einer neu entstehenden Großregion werden.

Brücke zwischen Stadt
und Land: Spandau

Als Spandau 1982 – fünf Jahre vor Berlin – seine 750-Jahrfeier beging, war an der Eisenbahnbrücke nahe dem Rathaus der Spruch zu lesen: »Es war schon immer etwas Besonderes, ein Spandauer zu sein.« Mit ungelenker Schrift hatte ein Bürger nicht nur zum Schmunzeln anregen wollen, sondern auch zum Ausdruck gebracht, daß sich die alte Stadt an der Havel eigener Tradition bewußt ist. Etwas drastischer schrieb es einmal ein Journalist in einer Glosse der Heimatzeitung: »Als die Berliner noch Kaulquappen fraßen, waren die Spandauer schon Patrizier.« Es muß wohl etwas dran sein am Lokalstolz der Havelstädter, auch wenn der Verwaltungsbezirk Spandau seit 1920 ein Teil von Berlin ist.

Tatsächlich wurde Spandow bereits 1197 in einer Urkunde erwähnt, und sein markgräfliches Stadtrecht geht auf das Jahr 1232 zurück. Schon im frühen Mittelalter hatten slawische Bauern und Fischer eine mit Holzpalisaden befestigte Burg auf einer Insel in der Nähe des Zusammenflusses von Spree und Havel errichtet und mehrfach ausgebaut. An dieser Stelle entstand im 13. Jahrhundert eine Residenz der askanischen Markgrafen von Brandenburg, von der noch der zum Wahrzeichen Spandaus gewordene Juliusturm und der Palas auf dem Gelände der Zitadelle erhalten sind. Im 16. Jahrhundert riefen die brandenburgischen Kurfürsten berühmte italienische Festungsbaumeister ins Land, um die mit vier großen Bastionen versehene Zitadelle im Stil der Hochrenaissance anzulegen. Die Spandauer ehren und pflegen das Bauwerk als sprichwörtliche »Gute Stube«. Hier finden traditionelle Veranstaltungen, Ausstellungen und Konzerte statt, und im schmuckvollen Kommandantenhaus über dem Hauptportal bezeugt das Stadtgeschichtliche Museum den alten Wahlspruch: »Hie guet Spandow allewege.«

Die Altstadt am westlichen Havelufer ist als Ansiedlung während der Ostkolonisation gegen Ende des 12. Jahrhunderts entstanden. Handel, Schiffahrt, Fischerei, Handwerk und Mühlenbetrieb sicherten die Existenz der Bewohner am Warenumschlagplatz brandenburgischer Handelswege. In der Reformationszeit wurde Spandau zu einer Keimzelle des lutherischen Glaubens. Kurfürst Joachim II., dessen Denkmal vor der St.-Nikolai-Kirche steht, nahm hier 1539 erstmalig das Abendmahl in beiderlei Gestalt und erhob das aus dem 13. Jahrhundert stammende Gotteshaus zur Reformationskirche der Mark Brandenburg. Seine einstige Bedeutung als Residenzstadt hatte Spandau zu dieser Zeit längst verloren, da die Landesherren im neuen Berliner Schloß an der Spree ihren Sitz genommen hatten. Dafür wurde die Havelstadt wegen ihrer strategischen Lage zur Festung ausgebaut. Im Dreißigjährigen Krieg bekam die Altstadt einen Gürtel von Wällen und Bastionen angelegt. Die zur Festung gehörenden Soldaten wurden zunächst bei den Bürgern einquartiert. Unter den preußischen Königen entstanden dann nach und nach Kasernen außerhalb der Altstadt. Dazu kamen Exerzierplätze und Schießstände, Waffenproduktionsstätten aller Art, Uniformfabriken und Magazine. Das Reichsfestungsgesetz von 1873 brachte weitere Belastungen. Neue Wallanlagen und Bastionen umgaben die ausgedehnte Militärstadt und beeinträchtigten nachhaltig eine organische urbane Entwicklung. Zwar wurden die Festungsanlagen um die Jahrhundertwende wieder abgerissen, doch Spandau blieb Garnisionstadt und Rüstungsschmiede. Im Umland siedelten sich große Industriebetriebe und damit verbundene Wohngebiete an. Die Bevölkerungszahl nahm rapide zu. Soziale und kulturelle Einrichtungen erhielten den Zuschnitt einer aufstrebenden Großstadt.

Aus dem Landkreis Osthavelland war Spandau 1887 herausgewachsen und zu einem selbständigen Stadtkreis erklärt worden. Das alte Rathaus am Marktplatz hielt den Anforderungen der zunehmenden Verwaltungsaufgaben nicht mehr stand. So beschlossen die Stadtväter, einen repräsentativen Neubau auf dem brachliegenden Gelände einer ehemaligen Bastion zu errichten. Bei dem ausgeschriebenen Archi-

oben: Die Zitadelle ist das Wahrzeichen Spandaus
unten: Denkmal »Albrecht der Bär« im Zitadellenhof

tektenwettbewerb erhielt schließlich ein Entwurf mit dem Kennwort »Bürgerstolz« den Zuschlag. Die Grundsteinlegung im Frühjahr 1911 wurde zu einem symbolischen Festakt des Selbstbewußtseins. Zwölf Honoratioren vollzogen die traditionellen Hammerschläge. Mit wilhelminischem Pathos sagte der preußische Regierungspräsident: »Für die glänzende Entwicklung Spandaus ist heute der Grund gelegt.

Die Spandauer Altstadt nach der Zerstörung 1945

Möge alle Arbeit in dieser ehrwürdigen Stadt von gleichem Geist der Selbstverwaltung und der Liebe zum Vaterland getragen sein.« Der Stadtkommandant, ein preußischer Generalleutnant, reimte sogar:

»Brandenburgisch-Preußische Soldaten
hielten die Wacht,
wo der Magistrat jetzt das Rathaus dacht.
Auch fernerhin sei dieses Hauses Zier
der Hohenzollern schwarz-weißes Panier.
Und wenn Ihr ratet zu Nutz und
Frommen,
denkt, daß Soldat und Bürger von einer
Mutter kommen.«

Den stärksten Beifall erhielt ein Stadtrat für seinen damals alle Spandauer bewegenden Wunsch: »Mög schützen uns des Kaisers Hand vor Groß-Berlin und Zweckverband.«

An der Einweihung des Rathauses im Herbst 1913 nahm zwar ein Sohn des Kaisers als Vertreter des Herrscherhauses teil, doch das übergreifende Zweckverbandsgesetz für Groß-Berlin war inzwischen bereits beschlossen. Da es sich wegen mangelnder Bereitschaft der betroffenen Körperschaften als schwer durchsetzbar erwies, fand es auch beim Spandauer Magistrat wenig Beachtung.

Der Erste Weltkrieg machte die Stadt zu einem Zentrum der Kriegsindustrie. Allein in den staatlichen Rüstungsbetrieben waren über 70 000 Beschäftigte tätig, und der größte private Arbeitgeber, die Siemens AG, vergrößerte mit der Umstellung der Produktion auf Kriegsgerät seine Belegschaft auf 75 000 Arbeiter und Angestellte. Nach Kriegsende 1918 brach die Rüstungsindustrie völlig zusammen. Viele Werke wurden demontiert und aufgelöst. Arbeitslosigkeit und Not bestimmten das Leben der Menschen. Große Anstrengungen in Politik und Wirtschaft der Weimarer Republik schufen zielstrebig in den folgenden Jahren neue Produktionsstätten für eine friedensorientierte Zivilindustrie. Auch eine Neugliederung der staatlichen Verwaltung in Preußen war erforderlich. Spandau und andere selbständige Städte im Umkreis von Berlin wurden durch Gesetz des preußischen Landtags 1920 in die neugegründete Stadtgemeinde Groß-Berlin integriert. In der alten Havelstadt verstand man die Welt nicht mehr. Mit Beschlüssen, Eingaben und Beschwerden versuchte man, dem als Unrecht empfundenen Verlust der Selbständigkeit zu begegnen. Aber alle Bemühungen blieben vergebens.

Während der nationalsozialistischen Herrschaft wurden im gesamten Reich die kommunalen Selbstverwaltungen weitgehend ausgeschaltet. Ein zentralistisches Regime führte Deutschland zum Zweiten Weltkrieg. Für Spandau bedeutete dies erneut, die Rolle eines Rüstungsschwerpunktes spielen zu müssen. Schwere Bombenangriffe zerstörten nicht nur die Industriebetriebe, sondern auch weite Teile der Stadt. In den letzten Kriegstagen ließen Artilleriebeschuß und Häuserkämpfe eine

Die St.-Nikolai-Kirche in der Spandauer Innenstadt

Trümmerlandschaft entstehen, die von der sowjetischen Armee besetzt wurde. Anfang Juli 1945 übernahm die britische Besatzungsmacht ihren Sektor Berlins, zu dem auch der Bezirk Spandau gehörte.

Der Wiederaufbau begann mit dem Einsatz der unvergessenen »Trümmerfrauen«. Neue Wohngebiete entstanden in der Stadt. Großsiedlungen auf ungenutzten Freiflächen vermehrten schnell die Einwohnerzahl Spandaus auf über 200 000 Menschen. Industrieansiedlungen und Handwerksbetriebe ließen Produktionszweige und Arbeitsstätten entstehen, die Spandau zu einem bedeutenden Wirtschaftsfaktor für Berlin machten. Einbezogen in die großräumige Planung der Metropole entwickelte die »Havelrepublik«, wie Berlins Regierender Bürgermeister Ernst Reuter sie scherzhaft nannte, ein traditionsbewußtes Eigenleben. Dies zeigte sich besonders in einem international beachteten Sanierungsprogramm für die Altstadt. Mit Hilfe des Bundes und des Landes Berlin, unterstützt durch ideenreiche private Initiativen, gelang es beispielhaft, kulturhistorische Werte zu sichern. Unter Beachtung der mittelalterlichen Stadtstrukturen entstand ein Wohngebiet, das sowohl den modernen Erfordernissen für Handel und Dienstleistungsbereich gerecht wird, als auch Zeugnisse der Vergangenheit pflegt und erhält.

Als belastende Erinnerung an jüngste Vergangenheit mahnte lange Zeit das ehemalige Festungsgefängnis in der Wilhelmstadt, das 1946 zum Kriegsverbrechergefängnis für sieben vom internationalen Militärgerichtshof in Nürnberg verurteilte NS-Führer wurde. Fünf von ihnen konnten nach Verbüßung jahrzehntelanger Haftstrafen das von Soldaten der alliierten Siegermächte bewachte Gefängnis verlassen, zwei starben in lebenslänglicher Haft. Im Herbst 1987 hatte das alte Militärgefängnis endgültig ausgedient und wurde abgerissen.

Ein wenig Garnisonstadt ist Spandau geblieben. Einige Kasernen waren zu Unterkünften von Truppenteilen der britischen Schutzmacht umgebaut worden. Nach Erfüllung ihrer Aufgabe ziehen die Offiziere und Soldaten nun ab, begleitet vom Dank der Menschen für die in schweren Jahren geleisteten Sicherheitsgarantien. Ein Jägerbataillon der Bundeswehr nimmt Quartier an der Havel. Militärstadt will Spandau dennoch nie wieder werden.

Seit 1945 trennte eine 32 Kilometer lange Grenze zur DDR unbarmherzig Spandau vom Havelland, als dessen »heimliche Hauptstadt« es sich immer gern sah. Familiäre Bindungen und freundschaftliche Beziehungen über Mauer und Stacheldraht hinweg hielten trotz aller Besuchsbeschränkungen den Kontakt der Menschen zueinander aufrecht. Als Mitte der achtziger Jahre erste zaghafte Partnerschaftsbestrebungen von Städten im Bundesgebiet und in der DDR begannen, versuchten Spandauer Kommunalpolitiker mit Vertretern der Kreisstadt Nauen des DDR-Bezirks Potsdam ins Gespräch zu kommen. Gegenseitige Besuche kleinerer Delegationen machten den Anfang. Verhandlungen wurden zunächst durch den besonderen staatsrechtlichen Status Berlins erschwert. Im September 1988 kam es schließlich zur Unterzeichnung einer Vereinbarung über kommunale Partnerschaft. Ausgewogene Formulierungen in der Präambel lassen die damals bestehende innerdeutsche Problematik deutlich erkennen: »Unbeschadet der Unterschiede in den Auffassungen, die sich aus der Zugehörigkeit beider Kommunen zu verschiedenen Gesellschaftsordnungen ergeben, wollen beide Kommunen im Rahmen ihrer Möglichkeiten und Zuständigkeiten – in Achtung aller bestehenden Abkommen und Vereinbarungen einschließlich des Vier-Mächte-Abkommens vom 3. September 1971 – einen eigenen Beitrag zu Begegnungen zwischen ihren Bürgern und damit zum Ausbau friedlicher Nachbarschaft leisten. Beide Seiten verstehen ihre Partnerschaft als Möglichkeit für Bürger und Kommunalpolitiker, gegenseitiges Vertrauen zu schaffen und durch umfassenden konstruktiven Dialog und vielfältige Begegnungen freundschaftliche Verbindungen herzustellen.«

Ein Jahresplan für 1989 legte gegenseitige Be-

Lastkähne an der Charlottenbrücke in Spandau

oben: Ein Teil des mittelalterlichen Stadtkerns, der Kolk, wurde liebevoll restauriert
unten: Alliierte Wachablösung vor dem einstigen Kriegsverbrechergefängnis, das 1987 abgerissen wurde

suche von Delegationen in Betrieben und sozialen Einrichtungen fest. Auch Sportbegegnungen waren vorgesehen. Als aber nach einem Fußballspiel der Betriebssportgruppe Nauen in Spandau der Mannschaftskapitän und ein weiterer Spieler bei der Rückfahrt fehlten, geriet der Nauener SED-Bürgermeister bei seinem Staats- und Parteiapparat in arge Bedrängnis. Laufende Verhandlungen über einen Jahresplan der Begegnungen für 1990 kamen ins Stocken, wurden aber doch mit einer neuen Vereinbarung abgeschlossen.

Wenige Wochen später fielen die Grenzen. Die Menschen strömten zueinander. Wiedersehensfeste auf Straßen und Plätzen in den Städten und Dörfern des Havellandes und in Spandau zogen sich bis zum Jahresende 1989 hin. In kurzer Zeit wurden die so lange unterbroche-

nen Verbindungsstraßen wieder zusammenge-
fügt. Neue Autobuslinien nahmen den Verkehr
über die ehemalige Grenze hinweg auf. Mauer
und Grenzanlagen verschwanden aus dem
Landschaftsbild, sogar britische Pioniertruppen
beteiligten sich am Abriß der schweren Beton-
segmente und der Drahtzäune.

Vielseitige Unterstützung leisten die Bürger
und die Verwaltung Spandaus den Gemeinden
im Umkreis bei der Überwindung zeitbezo-
gener Probleme. In diesem Sinne wurde auch
der Partnerschaftsvertrag mit Nauen erneuert
und mit einer Urkunde besiegelt. Spandau
kann seiner bewährten Rolle als Bindeglied zwischen Berlin und der Havelregion wieder gerecht werden. Am östlichen Rand des Havellandes entstand einst die historische Altstadt. Die
sieben Brücken über den Fluß zur Berliner Seite hin haben auch eine symbolische Bedeutung.

Das märkische Havelland

Wenn man sich eine Linie zwischen Oranienburg und Havelberg denkt, liegt in dem großen Südbogen, den die Havel zwischen den beiden Städten macht, das Gebiet, das man allgemein das Havelland nennt. Seine nördliche Begrenzung bildet der Rhin mit den in seinen Lauf einbezogenen Kanälen und das Rhinluch. In der Mitte des Havellandes breitet sich das weitgestreckte Havelländische Luch aus, das mit einem Ring von Moränenplatten – »Ländchen« genannt – und von der Nauener Platte umgeben ist. Nach der letzten Eiszeit ist diese Landschaft als Endpunkt des Berliner Urstromtals entstanden.

In der brandenburgischen Geschichte war das Havelland oft Schauplatz bedeutsamer Ereignisse. Eine Besiedelung ist bis in die Steinzeit zurückzuverfolgen. Bei Ausgrabungen wurden auch Waffen, Geräte und Schmuck aus der Bronze- und Eisenzeit sowie germanische Siedlungen mit Gräberfeldern gefunden. Nach der Völkerwanderung bewohnten überwiegend slawische Stammesverbände das Land, die sich um die Jahrtausendwende zunächst erfolgreich gegen die Eroberungsfeldzüge der deutschen Kaiser und Fürsten zur Wehr setzten. Mitte des 12. Jahrhunderts begann dann mit Albrecht dem Bären die zweihundertjährige Herrschaftszeit der askanischen Markgrafen in Brandenburg. Angeführt von Rittern, aus denen später die märkischen Adelsfamilien hervorgingen, zogen Siedler und Handwerker aus Sachsen und Thüringen, aus Westfalen und dem Rheinland in das Gebiet östlich der Elbe. Wesentlichen Anteil an der Ostkolonisation nahm auch die Kirche, die neue Bistümer gründete und Ordensbrüder aussandte, um von Klöstern aus die germanische und slawische Urbevölkerung zu christianisieren. Das Havelland erhielt seine bis heute erkennbare Gestalt. Reste von Burgen und Stadtbefestigungen erinnern wie die aus Feldsteinen errichteten Dorfkirchen an die damalige Blütezeit des brandenburgischen Kernlandes entlang der Havel.

oben: Erntezeit im Havelland
unten: Besinnung auf Tradition

Mit den politischen Wirren des späten Mittelalters, hervorgerufen durch Machtkämpfe zwischen den nach den Askaniern in der Mark Brandenburg regierenden Fürstenhäusern der Wittelsbacher und der Luxemburger entstanden im Land chaotische Zustände, die vom erstarkten Adel rücksichtslos ausgenutzt wurden. Einflußreiche Familien entwickelten sich zu Raubritterdynastien, die sich untereinander befehdeten und dabei plündernd und mordend über Städte und Dörfer herfielen. Erst als Kaiser Sigismund 1411 den Nürnberger Burggrafen Friedrich VI. aus dem Hause Hohenzollern zum obersten Hauptmann und Verweser der Mark ernannte, kehrten nach und nach wieder geordnete und gesicherte Lebensverhältnisse ein. Mit Verhandlungsgeschick, aber auch mit Entschlossenheit gelang es ihm, den Adel zu befrieden. Große Schwierigkeiten bereiteten ihm die Adligen im Havelland, die sich unter Führung der Prignitzer Ritterfamilien von Quitzow und zu Putlitz mit pommerschen Herzögen gegen den als »Nürnberger Tand« verspotteten Regenten verbündeten. Am Kremmer Damm besiegte Friedrich zunächst die Eindringlinge aus Pommern und erstürmte dann mit seinen aus fränkischen Rittern und brandenburgischen Reisigen bestehenden Truppen unter Einsatz des schwer zu handhabenden Feldgeschützes »Faule Grete« die Burgen der Aufständischen, darunter auch Friesack.

Unter den hohenzollernschen Kurfürsten gedieh das Havelland in den folgenden zwei Jahrhunderten als Agrargebiet zu bescheidenem Wohlstand. Der Dreißigjährige Krieg machte alles wieder zunichte. Die ständig hindurchziehenden Landsknechtshaufen der kaiserlichen wie der schwedischen Armeen verwüsteten die Äcker und Wiesen, drangsalierten die Bauern, plünderten und brandschatzten Dörfer und Städte und hinterließen ein geschundenes und entvölkertes Land. Mit der Regentschaft des Großen Kurfürsten Friedrich Wilhelm begann wieder ein Neuaufbau, unterstützt durch die Ansiedlung von Kolonisten aus Holland und Frankreich. Noch einmal fielen schwedische Truppen in die Mark Brandenburg ein. In meh-

oben: Fachwerkhäuser in der Altstadt von Nauen harren zeitgemäßer Sanierung
unten: Vor dem Ersten Weltkrieg entstanden rund um Döberitz weitausgedehnte Truppenübungsplätze

reren Gefechten im Havelland wurden sie nach Norden abgedrängt und erlitten in der Schlacht bei Fehrbellin 1675 durch das Reiterheer des Großen Kurfürsten eine vernichtende Niederlage. Die preußischen Könige machten aus dem Havelland im 18. Jahrhundert eine für ihren Staat wichtige landwirtschaftliche Nutzfläche. Mit der Trockenlegung des Havelländischen Luchs gewannen sie neue Acker- und Weidegebiete hinzu. Staatliche Domänen, große Bauernhöfe und Rittergüter prägten das Bild des Landes bis Mitte dieses Jahrhunderts.

Bei der Neugliederung der Verwaltung Preußens entstanden 1815 als Teil der Provinz Brandenburg zwei große Landkreise: das Osthavelland mit der Kreisstadt Nauen und das Westhavelland mit der Kreisstadt Rathenow. Diese bewährte Gebietseinteilung wurde 1952 mit der

Feierabend im Dorf Wagenitz

Auflösung der alten ostdeutschen Länder durch die DDR-Regierung weitgehend verändert. Seitdem teilen mehrere Kreisgrenzen das Land im großen Südbogen der Havel. Im Norden ragen die Landkreise Oranienburg und Neuruppin hinein, in der Mitte liegen die Landkreise Nauen und Rathenow, und im Süden ziehen sich Teile der Landkreise Brandenburg und Potsdam entlang. Die im Oktober 1990 gewählte brandenburgische Landesregierung plant nun im Einvernehmen mit dem Landtag und den Gebietskörperschaften eine Reform, aus der wieder große selbstverwaltete Landkreise hervorgehen sollen. Auch die Landwirtschaft hat durch die seit 1946 nach sowjetischem Vorbild betriebene Einrichtung von volkseigenen

Gütern und verschiedenartigen Produktionsgenossenschaften Strukturen erhalten, die sich als nicht rentabel erwiesen. Ideologisch bedingte Vorgaben und bürokratische Mißstände müssen beseitigt werden, um auch dem Havelland neue Lebensfähigkeit zu sichern.

Die wichtigste Verkehrsader im östlichen Havelland ist die Bundesstraße 5. Früher war hier ein Knüppeldamm, dann ein mit Kopfsteinen gepflasterter Weg. Napoleon sorgte für eine Verbreiterung, um seinen Truppen schnelleres Marschieren und Fahren zu gewährleisten. In einem Abkommen zwischen Preußen und Mecklenburg wurde der Bau einer Chaussee für Postkutschen und andere Fuhrwerke vereinbart, die 1830 eröffnet wurde. Weitere Ausbauten ließen die Reichsstraße 5 von Berlin nach Hamburg entstehen. Ab 1945 war sie eine der

Festumzug zur 700-Jahr-Feier am Nauener Rathaus

wenigen im Viermächteabkommen festgelegten Transitstrecken nach West-Berlin, bis sie nach einem Autobahnneubau nördlich von Berlin Ende 1982 wieder den Charakter einer Landstraße erhielt. Seit 1990 wird sie streckenweise erneuert und verkehrstechnisch zu einer der großen Verbindungsstraßen im Land Brandenburg umgestaltet. Ihr Weg führt auf der etwas über 50 Kilometer langen Teilstrecke von Berlin bis Friesack durch Städte und Dörfer am Rande der Nauener Platte und im Havelländischen Luch.

An der Berliner Stadtgrenze liegt der Ortsteil West-Staaken, der seit 1990 wieder zum Bezirk Spandau gehört. Durch Kontrollratsbeschluß der Siegermächte wurde er 1945 der sowjetischen Besatzungszone zugeschlagen, wofür der britische Sektor von Berlin um das Gelände des

Militärflughafens Gatow erweitert wurde. Wenige Kilometer dahinter beginnt das Kasernenareal von Dallgow und Döberitz mit weitausgedehnten Truppenübungsplätzen. Dort, wo einst am Champagnerberg und an anderen Hügeln herber märkischer Wein angebaut wurde, kaufte Ende des vorigen Jahrhunderts der preußische Militärfiskus große Landflächen auf und ließ ein Militärlager errichten, das in vier Jahrzehnten systematisch mit Kasernen, Schießplätzen und Manöverflächen belegt wurde. Nach dem Zweiten Weltkrieg zog hier eine sowjetische Panzerdivision ein, deren Hinterlassenschaft ausgedienten Kriegsmaterials zu Warnschildern mit der Aufschrift »Betreten verboten! Lebensgefahr!« Anlaß gibt. Die verlassenen

Kasernen werden, soweit es ihr Zustand noch zuläßt, saniert und umgebaut.

Neben den Kasernenblöcken war 1936 das Olympische Dorf angelegt worden. Nachdem die Sportler aus aller Welt ihre friedlichen Wettkämpfe beendet hatten, gingen viele der großzügigen Einrichtungen in militärische Nutzung über. Ein Teil der Wohnanlagen blieb der Gemeinde Elstal als Siedlung erhalten. Kurz vor Wustermark kreuzen drei Verkehrslinien die Bundesstraße 5: der Berliner Eisenbahnaußenring mit einem großen Verschiebebahnhof, der Berliner Ring der Bundesautobahn und der Havelkanal. Die Gemeinde Wustermark und der zu ihr gehörende Ortsteil Dyrotz haben davon allerdings wenig Nutzen ziehen können. Den noch immer dörflichen Charakter können die Häuser am Straßenrand nicht verleugnen.

oben: Umgeben von Weideland liegt der Sender Nauen
unten: Aus Dallgow abgezogen ist die Sowjetarmee, geblieben ist ausgedientes Kriegsmaterial

Alte Meilensteine markieren die Bundesstraße 5

Einen ganz anderen Anblick bietet die Kreisstadt Nauen mit ihrem markanten Rathaus. Das um 1890 aus märkischem Backstein errichtete Verwaltungsgebäude ist zum 700jährigen Stadtjubiläum 1992 frisch renoviert worden. Von der mittelalterlichen Stadtanlage mit Mauern, Türmen und einer Burg ist kaum etwas erhalten geblieben, zu oft haben Stadtbrände als Folge kriegerischer Eroberungen die Straßen und Gassen eingeäschert. Die Grundmauern der spätgotischen Jakobikirche tragen eine dreischiffige Hallenkirche aus dem Anfang des 18. Jahrhunderts. In dieser Zeit begann die am Rande des Havelländischen Luches gelegene Ackerbürgerstadt wieder aufzublühen. Allerdings sind viele der alten Fachwerkhäuser in bekla-

genswertem Zustand. Dem Abriß zugunsten von DDR-typischen Wohnkomplexen in Plattenbauweise sind sie gerade noch entgangen. Ein Sanierungsprogramm soll nun der Altstadt ihr historisches Aussehen wiedergeben.

Unter den preußischen Königen diente Nauen auch als Garnisonstadt. Selbst Friedrich II. war hier als Kronprinz nach seiner Entlassung aus der Küstriner Festungshaft 1732 als Bataillonskommandeur in einem Infanterieregiment stationiert. Im 19. Jahrhundert gewann die Kreisstadt des Osthavellandes durch den Bau der Fernstraße und den Anschluß an das Eisenbahnnetz wirtschaftliche Bedeutung. Am Stadtrand entstand 1889 die seinerzeit größte Zuckerfabrik Europas. Fabriken für Landmaschinen, Großschlächtereien, Molkereien und Handwerksbetriebe schufen weitere Arbeitsplätze. In das Luch hineingebaut wurde 1906 die Großfunkstation für drahtlose Übersee-Telegraphie. Das Nauener Zeitzeichen, jeden Mittag fünf Minuten lang ausgestrahlt, machte die Stadt international bekannt. Die 260 Meter hohen Sendemasten wurden 1947 demontiert und durch andere funktechnische Anlagen ersetzt. In den von Weideland umgebenen Klinkerbau des Funkhauses hat jetzt die Telekom Einzug gehalten.

Nauen zählt heute 12 000 Einwohner. Mehrere Betriebe, darunter die Zuckerfabrik, sind technologisch veraltet und stillgelegt worden. Zeitgemäße Fabrikationsstätten sollen entstehen, ebenso wie ein neues Stadtbild. In das Ende des Zweiten Weltkriegs wurde Nauen besonders schwer einbezogen. Hier vereinigten sich nach schweren Kämpfen die Angriffsspitzen der sowjetischen Armee, die Berlin im Norden und Süden eingeschlossen hatten. Ein großer Soldatenfriedhof blieb als Gedenkstätte zurück. Für seine friedliche Zukunft baut Nauen auch auf Unterstützung durch seine westdeutschen Partnerstädte und seine Nachbarstadt Spandau.

Wenige Kilometer von Nauen entfernt geht die Bundesstraße 5 mitten durch das 700 Jahre alte Dorf Berge. In einer Schenkungsurkunde von 1292 überließen die askanischen Mark-

grafen dem Prämonstratenser-Orden die »Kirche zu Berge zu vollem Eigentum«. Das Dorf entstand im Umfeld eines Rittergutes, das von mehreren Adelsfamilien als markgräfliches Lehen verwaltet wurde. Die Familie von Hake erwarb um 1440 den Besitz und bestimmte bis 1720 das Geschehen im Ort. Dann kaufte der preußische König das Gut und machte es zu einer staatlichen Domäne. Die alte Kirche war inzwischen baufällig geworden. Sie wurde abgerissen und 1744 neu erbaut. Die drei alten Glocken erhielten wieder ihren Platz im hohen Barockturm.

Auch der prächtige Kanzelaltar von 1625, eine Stiftung der Familie von Hake, schmückte weiter den schlichten Innenraum. In den glatten Putz der Außenwände wurden vier Grabplatten mit Reliefdarstellungen von Angehöri-

Junge Menschen tragen wieder die alten Fahnen Brandenburgs. Mit Engagement widmeten sich die Einwohner von Berge ihrem Dorfjubiläum.

69

Aus der Gruft der Familie von Hake stammt diese Grabplatte, die heute die Kirche in Berge ziert

gen der Ritterfamilie eingelassen. Aus dem Kirchenbuch geht hervor, daß im 16. und 17. Jahrhundert mehrere derer von Hake in der Gruft unter der Kirche beigesetzt wurden. Von dieser Gruft blieb beim Neubau nur der Teil unter dem Turm erhalten, in dem zwei schwere Holzsärge stehen. Als 1969 der Gemeindepfarrer die Särge öffnete, befanden sich darin mumifizierte Leichname. Anthropologen der Berliner Humboldt-Universität begannen mit Untersuchungen. Dennoch war es bisher nicht möglich, genaue Ursachen für die Mumifizierung wissenschaftlich zu belegen. Ebensowenig ist geklärt, um wen es sich bei den Toten handelt. Fest steht, daß die männliche und die weibliche Mu-

mie älter und besser erhalten sind als der in Kampehl öffentlich ausgestellte Ritter Kahlbutz. Der Gemeindekirchenrat von Berge will die Ruhe der toten Familienmitglieder derer von Hake wahren. Die Mumien bleiben in der schwer zugänglichen Turmgruft vor sensationsgieriger Schaulust bewahrt.

Das Nachbardorf an der B 5 verdankt seine Berühmtheit jener bekannten Ballade, mit der Theodor Fontane über die segenspendende Hand des Herrn von Ribbeck auf Ribbeck im Havelland berichtete. Der alte Birnbaum zerbrach 1911 bei einem schweren Sturm. Aus dem Baumstumpf entstand eine Zigarrenkiste, die noch immer in dem seit langem geschlossenen historischen »Gasthof zum Birnbaum« steht. Ein neuer Birnbaum befindet sich vor der Kirche, und einen weiteren hat der Bezirksbürgermeister von Spandau 1990 in den Schloßgarten gepflanzt.

Das in der Ballade erwähnte alte Doppeldachhaus wurde Ende des 19. Jahrhunderts aufgestockt und grundlegend verändert. Die von Ribbecks leben schon lange nicht mehr in dem Schloß, das als Altenpflegeheim genutzt wird. Der letzte ansässige Adlige verließ 1944 unter Bewachung der Gestapo das Gutshaus. Aus dem KZ Sachsenhausen kehrte er nicht zurück. Nach dem Kriege fiel das Rittergut der Bodenreform zum Opfer. Die Ribbeckschen Erben bemühen sich nun um Klärung der Eigentumsfragen. Immerhin unterliegt das Schloß den Richtlinien der Denkmalpflege, auch wenn seine künftige Verwendung noch nicht geklärt ist.

Einige der zu beiden Seiten der Straßenstrekke bis Friesack liegenden Dörfer sind in der märkischen Volkssage erwähnt. Eine alte Fassung beschreibt ihre Entstehung so:

»Der Teufel hat einmal Musterung auf der Erde gehalten und alle die Edelleute, die nicht mehr gut thun wollten, in einen großen Sack gesteckt, den auf den Rücken gethan und ist lustig damit zur Hölle geflogen. Wie er nun über der Stadt Friesack ist, da streift der Sack etwas hart an der Spitze des Kirchturms, so daß ein Loch hineinreißt und eine ganze Gesellschaft von Edelleuten, wohl ein Viertel der Bewohner

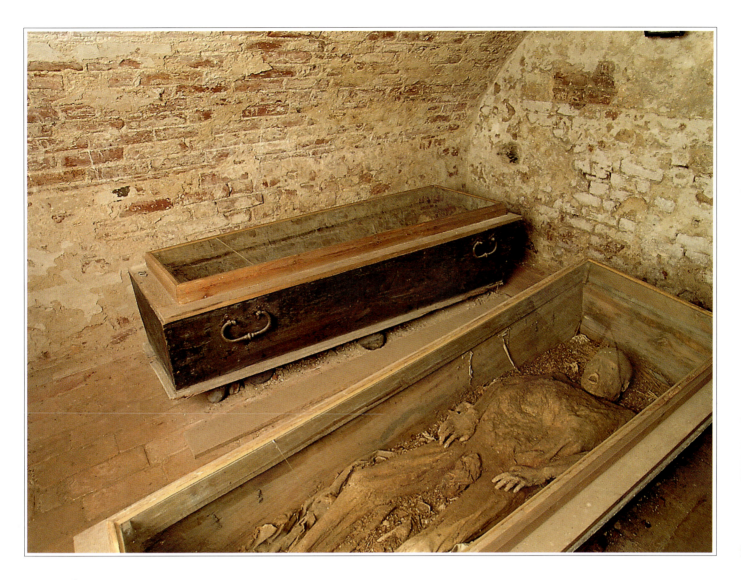

Älter und besser erhalten als Ritter Kahlbutz sind die beiden Mumien in der Kirchturmgruft von Berge

des Sackes, ohne daß der Teufel es gemerkt hätte, herausgefallen. Das sind aber die Herren von Bredow gewesen, die nun nicht wenig froh waren, den Krallen des Teufels für diesmal entkommen zu sein. Zum Andenken nannten sie die Stadt, wo der Sack das Loch bekommen und sie freigelassen hatte, Frie-Sack, und von hier haben sie sich dann über das ganze Havelland verbreitet, wo bekanntlich eine große Menge von Rittergütern, über dreieinhalb Quadratmeilen, in ihrem Besitze sind. Die Namen derselben haben sie ihnen ebenfalls gegeben und zwar meist nach der Richtung des Weges, welchen sie nahmen. Der älteste der Brüder nämlich, der in Friesack blieb, sagte zum zweiten:

›Ga beß (besser) hin‹, da nannte dieser den Ort, wo er sich niederließ, ›Beßhin‹, woraus nachher Pessin wurde; ein dritter ging von Friesack, das am Rande des mächtigen havelländischen Luches liegt, landeinwärts, darum nannte er seine Ansiedlung ›Land in‹ oder Landin; ein vierter ging denselben Weg entlang wie der zweite und baute Selbelang; ein fünfter ging von dort aus rechts zu (rechts too) und baute Retzow; ein sechster nannte sein Dorf nach seinem eigenen Namen Bredow. Ein siebenter schließlich wollte, als er sah, wie gut es seinen Vettern ergangen war, rasch auch noch nachspringen, ehe der Teufel das Loch wieder zumachte; da riefen ihm die anderen, die noch im Sack waren, zu: ›Wag's nit! Wag's nit!‹ Er aber wagte es doch und kam glücklich hinunter. Da hat er das Dorf Wagenitz gebaut.

Einige meinen, der Prediger von Friesack habe dabei seine Hand im Spiele gehabt. Er habe gerade vor der Kirche gestanden, als der Teufel mit dem Sack über den Ort weggefahren, und habe, als er dies gesehen, rasch einen Bann gesprochen, so daß der Teufel ganz irre geworden und mit dem Sack gegen die Kirchturmspitze gekommen sei. Deshalb hätten die Bredows der Friesacker Kirche das Rittergut Warsow geschenkt.«

Der märkische Volksmund hat zu allen Zeiten Legenden gewoben und darin in einfacher Weise den Herrschenden einen Spiegel vorgehalten. Auch das Havelländische Luch mit seinen Mooren und Bauminseln gab viel Stoff für Sagen und Gespenstergeschichten her.

Knapp die Hälfte des Havellandes war einst Luchgebiet. Große Sümpfe, unterbrochen von

Das Havelländische Luch, Anfang des 18. Jahrhunderts entwässert, wurde bereits unter den Preußenkönigen zu fruchtbarem Acker- und Weideland

kleinen mit Erlen, Weiden und Birken bewachsenen Sandhügeln, standen fast ganzjährig unter Wasser. Dazwischen lagen feuchte Wiesen, auf denen nur mühsam Kühe und Schafe zum Weiden gebracht werden konnten. Bei einer Inspektionsreise beschloß König Friedrich Wilhelm I., diese Flächen landwirtschaftlich besser zu nutzen. Der Oberjägermeister von Hertefeld, an dessen Namen ein Dorf erinnert, erhielt 1718 den Auftrag, Gräben anzulegen, in denen sich das Wasser sammeln und abfließen konnte. Es entstand ein Kanalsystem, das in den 28 Kilometer langen Havelländischen Großen Hauptkanal führte. Auf den trockengelegten Flächen

72

entstanden Kolonistendörfer mit Acker- und Weideland. Über sieben Jahre dauerte das Entwässerungsprogramm, für das der Soldatenkönig sogar Grenadiere als zusätzliche Arbeitskräfte einsetzte. Als Mittelpunkt für das gesamte Projekt wurde das Amt Königshorst, südlich von Fehrbellin, gegründet. Die Domäne entwickelte sich von 1732 an zu einer »Lehranstalt für Butter- und Käsebereitung«. Unter Anleitung von holländischen Fachleuten erhielten Mägde eine zweijährige Ausbildung, die mit einer Prüfung endete. Für den erfolgreichen Abschluß bekamen die Mägde vom König 100 Taler als Brautschatz für die Aussteuer.

Die Vermehrung des Viehbestands ging mit einer qualitativen Verbesserung der landwirtschaftlichen Produkte einher. Friedrich II. setzte das von seinem Vater begonnene Aufbauwerk fort, ließ Fettweiden für Schlachtvieh anlegen und gründete ein Pferdegestüt. Die Ausbildungsstätte in Königshorst vervollkommnete er zu einer »Akademie des Buttermachens«, an deren Lehrgängen auch Domänenbeamte teilnehmen mußten. Weit über das Havelländische Luch hinaus wurde »Horstbutter« zu einem Qualitätsbegriff.

Neben den Kolonistendörfern vergrößerten sich auch die Rittergüter, die Viehzucht und Forstwirtschaft betrieben. Erst nach 1945 veränderten sich die landwirtschaftlich rentablen Strukturen grundlegend. Unter dem klassenkämpferischen Motto »Adelsland in Bauern-

Eines der ältesten Herrenhäuser im Havelland ist in Pessin im Fachwerkstil erhalten geblieben

hand« vollzog sich eine Bodenreform, die mit zerstörerischer Konsequenz auch vor den jahrhundertealten Gutshäusern nicht halt machte. Viele Herrensitze wurden abgerissen und die Steine zum Bau von Häusern für Neubauern verwendet. Andere Adelssitze waren dem Verfall preisgegeben oder fristeten als Verwaltungsgebäude, Schulen und Heime ihr Dasein. Nur wenige Bauwerke erinnern noch an die einstige eher bescheidene Macht des brandenburgischen Adels. Beliebt waren die »märkischen Junker« bei der Landbevölkerung gewiß nicht. Der Schriftsteller Georg Hesekiel, ein Zeitgenosse von Willibald Alexis und Theodor Fontane, dichtete kurz und bündig:

»Die im Sand und die im Luche:
Ihlows, Rochows, Schenken, Buche;
die im Busch und die im Felde:
Arnim, Rohre, Winterfelde;
die im Sumpf und die im Sande:
Kröcher, Zieten, Jagow, Brande,
Marwitz, Redern, Itzenplitze,
keiner ist der Welt was nütze,
alle sind vom selben Holze.
Katten, Hacke, Gröben, Goltze,
Beuste, Königsmarck und Schlieben,
das ist unsre böse Sieben.
Hagen, Erx- und Wartensleben
nehmen seliger als geben.
Die im Wald und die im Dorfe:
Waldows, Burgs- und Holtzendorffe,
Görtzke, Kanitz, Quitzow, Quaste,
blühen all' auf einem Aste.

> Die zur Rechten, die zur Linken,
> alle wollen essen, trinken;
> die zur Linken, die zur Rechten,
> alle wollen tapfer fechten,
> sitzen fest in Sumpf und Heide.
> Aber trotz dem seidnen Kleide,
> aber trotz der großen Klunker
> bleiben's unsre märk'schen Junker.«

Mit dem Zusammenbruch der Monarchie ging
die große Zeit des Adels unwiederbringlich zu
Ende. In ihren Kindheitserinnerungen »Kartoffeln mit Stippe« hat Ilse Gräfin von Bredow das
Leben ihrer Familie in den dreißiger Jahren humorvoll beschrieben. Sie nennt ihr Dorf im

Havelländischen Luch »das mickrigste weit und
breit«, in dem es weder Wasserleitung noch
elektrisches Licht, noch Telefon gab, auch keinen Kaufmann und kein Gasthaus. Ironisch
fügt sie hinzu: »Trotzdem nannten die Städter
unser Dorf ein ›reizendes Fleckchen Erde‹, ein
›nettes kleines Anliegen‹, werteten unser Forsthaus zum ›Herrenhaus‹ und Vaters Baumschule
zum ›Park‹ auf. Wenn sie Vater im Wald beim
Aufforsten trafen, schenkten sie ihm eine Zigarre und sagten: ›Schwere Arbeit, guter Mann. Wo
wohnt denn hier der Graf?‹ Vater tat alles, um
sie sich vom Leibe zu halten. Er weigerte sich,
den Weg ins Nachbardorf, der so voller Löcher
war wie ein Karnickelbau voller Gänge, ausbessern zu lassen, und lächelte zufrieden, wenn er
beim Kaffeetrinken auf der Veranda aus der Ferne das Aufheulen eines Motors hörte. ›Schon

wieder einer festgebuttert. Ja, ja, Stadt und Land Hand in Hand.‹«

Das Havelländische Luch ist bis heute ein stilles, von bescheidener Genügsamkeit seiner Menschen bestimmtes Land. Die weiten Ebenen strahlen Ruhe und Beschaulichkeit aus. Vielerorts erinnern mehr oder minder gut erhaltene Sehenswürdigkeiten an bemerkenswerte Ereignisse aus vergangenen Zeiten.

Inmitten des Dorfes Wagenitz ragen Reste des »Schwedenturms« hervor. Er war einst Teil eines freistehenden Küchenbaus des 1587 errichteten Herrenhauses. Während des Dreißigjährigen Krieges ereignete sich hier ein grausamer Zwischenfall. Der Gutsherr, ein Graf von Bredow, hatte mit seinen Mannen schwedische Marodeure gefangengenommen und kurzerhand aufgehängt. Daraufhin verübten schwedi-

oben: Im Schloßpark von Senzke liegt der Familienfriedhof der Bredows
rechts: An den 30jährigen Krieg erinnert der Schwedenturm in Wagenitz
Seite 78/79: Die modernste Wasserstraße im Havelland ist der 1952 erbaute Havelkanal

sche Truppen einen Rachefeldzug, bei dem die gesamte Grafenfamilie und viele Dorfbewohner erschlagen wurden. Der »Schwedenturm«, der in keinem guten baulichen Zustand ist, soll nun als Wahrzeichen des Dorfes restauriert werden.

Im Dorf Senzke ist ein ehemaliges Bredowsches Gutshaus nach 1945 zu einer Schule umgebaut worden. Der riesige Park, der die klassische Landschaftsgärtnerei des 19. Jahrhunderts erkennen läßt, wurde von Ferdinand Fintelmann, dem Hofgärtnermeister der Pfaueninsel, angelegt. Ein altes Fachwerkhaus neben dem

80

Schloß, in dem Fintelmann viele Jahre lebte, wird saniert und soll als Museum neu entstehen. Des lange vergessenen Familienfriedhofs der früheren Gutsbesitzer hat sich der neue Gemeinderat angenommen. Umgestürzte Grabkreuze sind gesäubert und wiederaufgestellt, Laub und Unkraut beseitigt worden. Zwischen jahrhundertealten Bäumen am Ende des Parks ruht die Vergangenheit des einst wohlsituierten Dorfes.

Bessere Zeiten gesehen hat auch das Dorf Groß Behnitz. Die Berliner Familie Borsig erwarb das Gut 1866 für 450 000 Taler von dem hoch verschuldeten Grafen Friedrich von Itzenplitz, der wegen seiner Spiel- und Wettleidenschaft »der tolle Fritz« genannt wurde. Albert Borsig, der nach dem Tode seines Vaters, des Lokomotivfabrikanten August Borsig, einen der

oben: Barockaltar in der Feldsteinkirche von Bötzow
rechts: Im Forst Brieselang steht einsam die Ruine des alten Finkenkrugs

größten Industriebetriebe Deutschlands leitete, wollte für seine Familie einen märkischen Landsitz schaffen. Aus dem Itzenplitz-Schloß entstand durch Umbau ein stattliches Herrenhaus. Ein großes handgeschmiedetes Tor zierte den Hofeingang, dessen Pfeiler als Schmuck die von Karl Gontard geschaffenen Sandsteinfiguren des abgerissenen Oranienburger Tores in Berlin trugen. Auf dem Gutsgelände wurden Backsteingebäude errichtet, im Stil an die Fabrikarchitektur der Gründerjahre angelehnt. Drei Generationen der Industriellenfamilie, die der Kaiser in den erblichen Adelsstand erhob, lebten in Groß Behnitz und sind in der Familien-

Schloß Nennhausen, einst Treffpunkt bekannter Dichter, befindet sich in einem erbärmlichen Zustand

dem Eingangstor mit dem schmiedeeisernen Gitter weist ein Schild die Anlage als »Geschütztes Baudenkmal« aus. Renovierungsbedürftig sind auch andere Häuser im Dorf. Ältere Einwohner denken gern an die Zeit zurück, als die Borsigs noch gute Nachbarn der Luchbauern waren.

Wie eine Kette reihen sich höhergelegene Landstriche im Halbkreis um das Havelländische Luch. Im Osten macht der Brieselang den Anfang. Der Name kommt aus dem Slawischen und bedeutet Birkensumpf. In vielen Jahrhunderten ist daraus ein dicht bestandener Mischwald geworden, den die Berliner schon um 1850 als Wanderparadies entdeckten. Mit dem Bau der Eisenbahnlinie nach Hamburg kamen an Sonn- und Feiertagen Sonderzüge zum Einsatz, die mitten im Wald hielten, nahe bei dem Gasthof Finkenkrug. Das alte Lokal war 1777 von einem königlichen Oberjäger auf seinem von Friedrich II. in Erbpacht erhaltenen Waldgebiet errichtet worden und ist später über einhundert Jahre im Besitz einer Gastwirtsfamilie geblieben. Ende April 1945 sprengte der letzte Sproß der Familie, ein fanatischer Nationalsozialist, den Finkenkrug mit Panzerfäusten in die Luft. Seine Familie kam dabei ums Leben, er beging Selbstmord. Erhalten geblieben ist nur ein inzwischen verfallenes Teilgebäude, doch es gibt Pläne, das historische Gasthaus neu erstehen zu lassen.

Am Brieselang ist 1923 aus der Vereinigung der mittelalterlichen Flecken Falkenhagen und Seegefeld mit einigen anderen Ortsteilen das damals »größte Dorf Europas« entstanden. Die Zusammensetzung der Ortsbezeichnungen ergab den Namen Falkensee. Die Gemeinde dehnte sich weiter aus bis zu dem idyllisch gelegenen Falkenhagener See. In dem bevorzugten Vorort der Großstadt entstanden geschmackvolle Villen und Wohnkolonien. Sogar das S-Bahnnetz wurde 1951 um sechs Kilometer von Spandau nach Falkensee verlängert. Zehn Jahre später mußte der Betrieb wieder eingestellt werden. Es war kein Trost für Falkensee, im Oktober 1961 vom DDR-Staatsrat das Stadtrecht verliehen zu bekommen, denn die 30 000 Einwoh-

gruft auf dem Dorffriedhof beigesetzt. Ernst von Borsig, ein liberaler Preuße, übernahm 1933 die Gutsverwaltung. Im Kriege trafen sich Männer des Widerstandes gegen Hitler mehrmals auf dem Gut und gründeten den Bereich Landwirtschaft des »Kreisauer Kreises«. Trotz seiner antifaschistischen Haltung verhaftete die sowjetische Besatzungsmacht Ernst von Borsig wegen angeblicher Sabotage. Er verstarb im Herbst 1945 in einem Internierungslager. Das Gut wurde aufgeteilt, das Herrenhaus nach einem Dachstuhlbrand 1947 abgerissen. Im Gutshof ließ sich die »LPG Tierproduktion Bundschuh« nieder, die inzwischen aufgelöst ist. Die verlassenen Gebäude verfallen zusehends. An

Schloß Ribbeck wurde durch Theodor Fontanes Ballade vom Birnbaum bekannt.

ner lebten am Grenzsperrgebiet eines sich selbst isolierenden Staatsgebildes. Nun fahren wieder Autobusse und Vorortzüge nach Falkensee und in den Brieselang.

Auch wirtschaftlich tut sich einiges. Auf dem neuen Gewerbegebiet-Süd in Falkensee wächst das größte Industriebauprojekt des Landes Brandenburg. Die Berliner Herlitz AG, eine Herstellerfirma für Büromaterial und Schreibwaren, errichtet auf einem 3000 Quadratmeter großen Gelände ein modernes Produktions- und Versandzentrum, in dem nach der ersten Baustufe über 1000 neue Arbeitsplätze entstehen, später wird sich die Zahl der Beschäftigten verdoppeln. Auch an eine werknahe Unterbrin-

gung der Mitarbeiter wird bereits gedacht. So ist die Firma Bauträger der Gartenstadt Falkenhöh. In aufgelockerter Bauweise mit weiten Grünflächen bilden die Reihenhäuser, Mehrfamilienhäuser in Gestalt von Stadtvillen und die Geschoßbauten mit zusätzlichen Gewerbeflächen einen Stadtteil, der in der Tradition bewährter Gartenstadtarchitektur steht. Von diesem bisher größten Projekt in der Wohnungsbaugeschichte Falkensees verspricht sich die Stadt im Brieselang neue Anziehungskraft auch nach Berlin.

An den Brieselang schließt sich nördlich das Ländchen Glien an. Das slawische Wort Glina für Lehm weist auf die Bodenbeschaffenheit dieses Teils des Osthavellandes hin, der zum Landkreis Oranienburg gehört. Aus dem 14. Jahrhundert stammen die meisten Ortschaften,

85

die sich um ein hügeliges Waldgebiet, den Krämer, gruppieren. Das Straßendorf Bötzow mit einer ansehnlichen Feldsteinkirche trug bis 1694 den wenig erfreulichen Namen Kotzeband. Kurfürst Friedrich III., der spätere erste preußische König Friedrich I., kaufte Gut und Dorf der Ritterfamilie von der Groeben ab und ordnete es dem Amt Oranienburg zu. Die Havelstadt, die durch den Schloßbau den Namen Oranienburg erhalten hatte, gab ihren alten Namen Bötzow an das Dorf im Ländchen Glien ab. Bekannt wurde der Ort um 1900 durch die Osthavelländische Eisenbahn. Von Spandau führte die Strecke bis Bötzow, von wo sie nach Nauen und Velten abzweigte. Die Gleise der Bötzowbahn sind seit Anfang der fünfziger Jahre verschwunden. Wahrscheinlich wurden sie beim Bau der Umgehungsbahn um Berlin von

oben: Morgenstimmung im Ländchen Bellin
rechts: In der alten Mühle von Vehlefanz wurde ein Museum eingerichtet. Die Feldwege in der Umgebung laden zum Spaziergang ein

der DDR-Reichsbahn wiederverwendet.

Auch andere Dörfer im Ländchen Glien habe ihre Besonderheiten, Staffelde mit seinem einstmals bekannten Gestüt oder Vehlefanz mit seinem sehenswerten Mühlenmuseum. In Schwante baute Georg Wenzeslaus von Knobelsdorff in Anlehnung an seinen Rheinsberger Baustil ein kleines Barockschloß. Es bietet leider in einem ebenfalls ungepflegten Schloßpark einen traurigen Anblick und wartet auf sinnvolle Nutzung.

Ein kurioses Gebäudeensemble beherbergt der Schwanter Forst. Ende des vorigen Jahrhun-

86

derts kaufte der Berliner Millionär Richard Sommer ein großes Areal und gestaltete dort sein Domizil, das er Sommerswalde nannte. Seiner Familie hatte zuvor das Grundstück gehört, auf dem das Berliner Reichstagsgebäude errichtet wurde. Nach eigenen Bauskizzen ließ Sommer sein Wohnhaus im Stil des Reichstags, den Pferdestall in Gestalt des Roten Rathauses und das Gewächshaus in der Moscheeform der deutschen Botschaft in Neu-Delhi nachbauen. Die Kuppeln und Verzierungen der Prachtgebilde haben zwar die letzten Jahrzehnte nicht überstanden, doch die Ähnlichkeiten mit den Vorbildern sind noch immer deutlich erkennbar. Die Gebäude des skurrilen Bauherrn wurden nach dem Kriege von der sowjetischen Armee und dann als Funktionärschule von der DDR-Staatsjugendorganisation FDJ genutzt. Nun sucht die brandenburgische Landesregierung nach einer angemessenen Verwendung für die Traumstadt im Walde.

An der Nordspitze des Ländchens Glien liegt Kremmen, das schon um 1200 Stadtrecht erhielt. An einer frühaskanischen Burg, die den Damm durch das Rhinluch sicherte, entstand die Ansiedlung, aus der sich eine angesehene Ackerbürgerstadt entwickelte. Trotz mehrerer Stadtbrände ist die mittelalterliche Struktur um die St. Nikolaikirche und den Marktplatz erkennbar. Teile der Altstadt bedürfen noch weiterer zeitgemäßer Sanierung, um dem Ort gerecht zu werden, der durch die bedeutende Schlacht am Kremmer Damm in die Geschichte einging. Hier bewahrte der erste hohenzollernsche Landesherr 1412 die Mark Brandenburg vor einer Besitznahme durch pommersche Herzöge.

Nicht weit von Kremmen entfernt lagert sich wie eine Insel zwischen dem Havelländischen Luch und dem Rhinluch das Ländchen Bellin, als Teil des Landkreises Neuruppin. Besonderen Reiz hat das 700 Jahre alte Dorf Linum. Alljährlich nisten hier auf den Dächern der kleinen Bauernhäuser und auf der Kirche mehr als ein Dutzend Storchenpaare. Die Teiche und Wiesen der Umgebung bieten ihnen ausreichende Nahrung für die Aufzucht ihrer Jungen.

In der ehemaligen Dorfschmiede hat die Naturschutzstation Linum ein vielbesuchtes Weißstorch-Informationszentrum eingerichtet, das Auskunft gibt über umweltbewußte Pflege von Tier- und Pflanzenwelt in den Luchgebieten. Das Dorf Linum ging Anfang des 18. Jahrhunderts in den Besitz des preußischen Königs Friedrich I. über, der hier oft auf Birkhuhnjagd ging und dem Ort als Dank eine Krone stiftete, die noch immer den Kirchturm ziert. Neben der Landwirtschaft war Torfstechen eine Erwerbsquelle der Bauern, bis Torf als Heizmaterial von der Braunkohle abgelöst wurde.

Linum war 1675 auch Gefechtsfeld der Schlacht von Fehrbellin. An den Sieg des Großen Kurfürsten über die Schweden erinnert das Denkmal bei Hakenberg. Die weiten Flächen des Ländchens Bellin waren Schauplatz der historischen Reiterschlacht. Bei seinen Wanderungen wurde Theodor Fontane von einer Bekannten gebeten, für sie Blumen auf dem Schlachtfeld zu pflücken. Er schickte ihr einige Haferhalme mit den Zeilen:

»Blumen, o Freundin, dir mitzubringen
von diesem Feld, es wollt' nicht gelingen.
Hafer nur, soweit ich sah,
Hafer, Hafer war nur da.
Märkische Rosse gewannen die Schlacht,
haben das Feld berühmt gemacht.
Und das Feld, es zahlt mit Glück
alte Schuld in Hafer zurück.«

Den wirtschaftlichen Mittelpunkt des Ländchens Bellin bildet die aus dem 13. Jahrhundert stammende Stadt Fehrbellin. Die einstige Fähre über den Rhin gab ihr den Namen. Auf einem Anger am Stadtrand baute 1867 der Berliner Architekt Friedrich August Stüler eine neogotische Kirche, die weit über die märkische Kleinstadt hinausragt.

Das Ländchen Friesack westlich neben Bellin gehört zum Landkreis Nauen. An den zum Havelländischen Luch abfallenden Feldern,

Unter Chausseebäumen fast verborgen erinnert ein Steinkreuz an die Schlacht am Kremmer See

88

oben: Replik des Berliner Roten Rathauses im Park von Sommerswalde
links oben: Denkmal des Großen Kurfürsten im Stadtpark von Fehrbellin
links unten: Nachbau des Reichstagsgebäudes, ebenfalls in Sommerswalde

Wiesen und Waldstreifen zeigen weit verstreute Dörfer märkisches Landleben. Nahe dem ehemaligen Burgberg der Stadt Friesack, wo 1414 die aufständischen Raubritter belagert und besiegt wurden, befindet sich der Marktplatz, auf den die kleinen, engen Straßen sternförmig zulaufen. Anstelle der mittelalterlichen, sagenumwobenen Kirche steht ein neoromanisches Gotteshaus aus dem Jahre 1841. Die Bundesstraße 5 verbindet Friesack mit dem pulsierenden Verkehr zwischen Berlin und Hamburg.

Den Halbkreis der Moränenplatten um das Havelländische Luch beschließt das Ländchen Rhinow im Landkreis Rathenow. Der Rhin mit seinen Nebenarmen und kanalisierten Abschnitten beendet in dem mit der Havel verbundenen Gülper See seinen Lauf. Aus den ihn umgebenden Luchgebieten im Rhinower Land treten bewaldete Hochebenen hervor. Beim Dorf Stölln erhebt sich der mit 110 Metern höchste Berg des Havellandes, der Gollenberg. Otto Lilienthal verwirklichte hier mit seinen Gleitversuchen den Menschheitstraum vom Fliegen. Im Sommer 1896 stürzte er ab und verstarb an den Folgen seiner Verletzungen. Ein Gedenkstein an der Absturzstelle auf dem Gollenberg trägt die Inschrift: »Es kann Deines Schöpfers Willen nicht sein, Dich Ersten der Schöpfung dem Staube zu weih'n, Dir ewig den Flug zu versagen.« Im Gasthof »Zum ersten Flie-

oben: Bäuerliche Alltagskleider vergangener Zeiten sind auf Volksfesten im Havelland zu sehen
links: Die Stadtkirche von Fehrbellin

ger«, in den Lilienthal nach dem Unglück gebracht wurde, erinnern alte Fotos und eine Nachbildung des Gleitapparats an den unvergessenen Flugpionier.

Unterhalb der Mollenburg oder Mühlenburg, einer 1216 erstmals erwähnten askanischen Befestigungsanlage, entstand die Stadt Rhinow, die durch ihre Viehmärkte zum Mittelpunkt der Region wurde. Die im Kern gotische Pfarrkirche aus dem 13. Jahrhundert, die später im Barockstil erneuert wurde, beherrscht noch immer das weite Rund des Marktplatzes. Häuser aus verschiedenen Bauepochen prägen das Stadtbild des nunmehr 2000 Einwohner

zählenden Gemeinwesens im Westhavelland.

Zwischen dem Ländchen Rhinow und dem südlichen Teil des Havelländischen Luchs erstreckt sich das Rathenower Land- und Seengebiet am Rande der an der Havel gelegenen Kreisstadt. Der neun Kilometer lange Hohennauer See mit Zufluß zur Havel nimmt den Havelländischen Großen Hauptkanal, der zuvor den Witzker See durchfließt, in sich auf. Campingplätze und Badestellen machen den See zu einem Ausflugs- und Feriengebiet, in das die Dörfer Hohennauen, Semlin, Wassersuppe und Ferchesar einbezogen sind. Wanderwege durch den märkischen Mischwald bieten Ruhe und Erholung in der abwechslungsreichen Landschaft im Westhavelland.

In der kulturellen Bedeutung des Havellandes nimmt ein kleiner Ort im Nußwinkel östlich

von Rathenow einen besonderen Platz ein. In dem von der märkischen Adelsfamilie von Briest 1737 erbauten Schloß Nennhausen trafen sich Anfang des 19. Jahrhunderts die Dichter der deutschen Romantik. Friedrich de la Motte Fouqué, der mit Caroline von Briest verheiratet war, empfing hier als Gastgeber seine literarischen Freunde, zu denen Heinrich von Kleist, Adalbert von Chamisso, Ernst Theodor Amadeus Hoffmann, Ludwig Tieck und andere zeitgenössische Schriftsteller gehörten. In seinen Erinnerungen beschrieb Karl August Varnha-

gen von Ense die Zusammenkünfte: »Viele Stunden wurden mit Vorlesen verbracht, andere mit Erzählungen, ein guter Teil des Tages auch mit Spazierengehen in dem herrlichen Park, welchen der alte Briest mit Einsicht gepflanzt hatte und noch täglich mit Liebe pflegt; ein Wald schloß sich an, ein dunkelblauer See breitete sich aus, die geringen Anhöhen waren wohlbenutzt, und so machte Nennhausen ordentlich den Eindruck einer schönen Gegend.«

Fast dreißig Jahre lebte Fouqué auf dem Anwesen und verfaßte seine Romane, Dramen und Gedichte, die überwiegend in der Märchen- und Sagenwelt angesiedelt waren. Seine Erzählung »Undine« wurde durch die Oper von Albert Lortzing weltberühmt.

Nach 1945 wurde Schloß Nennhausen mit öffentlichen Einrichtungen belegt, bis es 1983 völ-

96

Wenig erinnert an den einstigen Charme von Kremmen

lig ausbrannte. Die Ruine mit dem Wappen derer von Briest über dem Portal soll nach dem Willen des Gemeinderats im neugotischen Stil wiederaufgebaut werden. Noch fehlen die Mittel dafür, und mit Ungeduld wartet man auch in Nennhausen darauf, einer Gedenkstätte brandenburgischer Geschichte wieder gebührendes Ansehen geben zu können.

So lebt das Havelland zwischen sich verklärender Vergangenheit, die hier und da in Erinnerung gerufen wird, und den gegenwärtigen Problemen, von denen viele andere Gebiete in den neuen Bundesländern gleichfalls betroffen sind. Im Rückblick erscheint meist alles freundlicher als es in Wirklichkeit war. Vor einhundert Jahren schrieb Theodor Fontane sein ironisches Gedicht »Veränderungen in der Mark – Anno 390 und 1890«. Er läßt alte Germanen die Erde besuchen. Odin hat ihnen einige Tage Urlaub von Walhall gegeben. Sie betrachten das Land und kehren enttäuscht zurück:

> »Sie kürzen freiwillig den Urlaub ab,
> in wilde Karriere fällt ihr Rückzugstrab.
> Ihr Rücktritt ist ein verzweifeltes Fliehn.
> ›Wie war es?‹ fragt teilnahmsvoll Odin,
> und der Hermundure stottert beklommen:
> ›Gott, ist die Gegend ’runtergekommen!‹«

Was würde wohl Fontane heute schreiben, wenn er seine Wanderungen noch einmal wiederholen könnte?

Glanz und Schicksal
einer Residenz: Potsdam

Wie kaum eine andere Stadt zwischen Elbe und Oder versinnbildlicht Potsdam Höhen und Tiefen, Glück und Elend, Traditionen und Verstrickungen deutscher Geschichte. Als Kaiser Otto III. im Jahre 993 seiner Tante, der Äbtissin Mathilde von Quedlinburg, »Poztupimi et Geliti« in einer Urkunde zum Geschenk an die Reichsabtei machte, lagen diese kleinen slawischen Siedlungen fernab vom Geschehen der Zeit. Während Potsdam sich von der zweiten Hälfte des 17. Jahrhunderts an zu einer ansehnlichen Stadt entwickelte, blieb Geltow eine stille märkische Gemeinde. Auf einer Landzunge gegenüber der Mündung des von Süden aus dem Fläming kommenden Flüßchens Nuthe in die Havel stand um die Jahrtausendwende eine slawische Holzburg, die unter den Askaniern durch eine steinerne Befestigungsanlage ersetzt wurde. Das in ihrem Schutz errichtete Postamp fand 1317 erstmals Erwähnung und war 1375 als civitas im Landbuch Kaiser Karls IV. verzeichnet. Nach einem großen Stadtbrand erhielt Potsdam ein neues Gesicht, doch ließ sein städtisches Aussehen immer noch zu wünschen übrig. In seinen »Märchen und Sagen aus der Mark Brandenburg« hat der Berliner Publizist Albert Burkhardt eine Überlieferung aus dieser Zeit festgehalten:

»Um das Jahr 1540 waren die Straßen, Wege und Plätze in Potsdam in üblem Zustand. Kaum durften die Bewohner noch wagen, bei Dunkelheit aus ihren Häusern zu gehen. Überall gab es Löcher und Gruben, und bei schlechtem Wetter verwandelten sich die Straßen in Sumpf und Morast. Begegneten sich dann Fußgänger oder gar Fuhrwerke, war es schwierig, sich auszuweichen. Oft wurde dabei derartig geschimpft und geflucht, daß es jedem Fremden, der nach Potsdam kam, sofort auffiel und der grobe Umgangston der Potsdamer bald sprichwörtlich wurde. Schließlich war der Magistrat genötigt, sich ernsthaft der Sache anzunehmen, denn so ging es nicht weiter, überall im Lande nannte man die Stadt schon ›Spottsdam‹. Der

oben: Schloß Babelsberg
unten: Schloß Cecilienhof

Beschluß, den die Stadtväter nun faßten, war tatsächlich wirksam: Jeder, der seinem Ärger über den Zustand der Straßen durch Schimpfworte Luft machte oder einen Mitbürger mit Namen aus dem Tierreich belegte, mußte zur Strafe – ein Stück Straße pflastern! Damit konnte gleich beiden Mißständen auf einmal abgeholfen werden…

Der alte Bürgermeister erlebte es noch, daß die Straßen und Plätze seiner Stadt gut gepflastert waren und sich außerdem der Umgangston der Bürger erstaunlich gebessert hatte.«

Pestepidemien und der Dreißigjährige Krieg warfen die Entwicklung erheblich zurück und verminderten die Bevölkerung von über 2000 auf etwa 800 Einwohner. Unter dem Großen Kurfürsten Friedrich Wilhelm begann um 1660 mit dem Bau des Stadtschlosses die bis 1918 während Epoche der Residenzstadt. Die preußischen Könige, vor allem Friedrich II., schufen in und um Potsdam Schloßanlagen, die von den Architekturstilen der bekanntesten brandenburgischen Baumeister geprägt waren. Als »preußisches Versailles auf märkischem Sand« wurde Potsdam bezeichnet, dennoch blieben die Bauwerke, selbst Sanssouci und das Neue Palais, in Größe und Ausstattung weit hinter den süddeutschen oder gar französischen Adelspalästen dieser Zeit zurück. Die überall in Europa als Vorbild betrachtete Hofhaltung des französischen Sonnenkönigs Ludwig XIV. und seiner Aristokratie ist in Preußen ebensowenig erreicht worden. Einerseits fehlten in dem kargen Land die wirtschaftlichen Voraussetzungen, andererseits galt Bescheidenheit als Tugend, die dem zu Entbehrungen erzogenen Volk vorzuleben war.

So blieb auch der Ausbau der Residenzstadt mehr von Zweckmäßigkeiten als von Repräsentationsansprüchen bestimmt. Vorrangig war zunächst, die Einwohnerzahl zu vergrößern und die wirtschaftlichen Strukturen qualitativ zu verbessern. Die Verfolgungen von Protestanten in anderen Staaten kamen diesen Interessen der brandenburgisch-preußischen Herrscher entgegen. Mit dem »Edikt von Potsdam« holte der Große Kurfürst 1685 französische Hugenotten

ins Land, Friedrich Wilhelm I. und Friedrich II. öffneten die Grenzen nach Osten und Süden für Glaubensflüchtlinge aus Böhmen, Schlesien und Salzburg. Daneben wurden immer wieder aus Holland Fachkräfte in der Landwirtschaft, im Handwerk und für die Wasserbautechnik angeworben. In Potsdam entstand für diese Einwanderer ein eigener Stadtteil, das Holländische Viertel.

Den Mittelpunkt der Residenzstadt bildete der Alte Markt. Stadtschloß, Rathaus, Nikolaikirche und stattliche Bürgerhäuser umrahmten den Platz, aus dem ein marmorner Obelisk hervorragte. Hier trafen sich die Bürger nicht nur an Markttagen.

Eine besondere Sehenswürdigkeit schilderte der Dirigent des Märkischen Provinzialmuseums, Ernst Friedel, in seinem 1882 erschiene-

nen Buch über die »Kaiserstadt Berlin und deren Umgebung«.

»Nicht weit von der Langen Brücke in Potsdam steht ein krumm gewachsener, alter Baum, dem die Jahre schon so übel mitgespielt haben, daß er, halb verdorrt, nur aus einzelnen Ästen grünt. Augenscheinlich erhält ihn nur die sorgliche Pflege; das klaffende morsche Innere ist mit Lehm ausgefüllt, um die Fäulnis einzuschränken; eiserne Stützen sichern den Veteranen gegen Windbruch und bezeugen, daß es mit dem unansehnlichen, aber so ängstlich gehüteten Baum eine besondere Bewandtnis haben muß. Es ist die berühmte ›Bittschriften-

linde‹. Schräg gegenüber am Eckfenster des Potsdamer Stadtschlosses pflegte der Alte Fritz Audienz zu erteilen und konnte von hier die Straße überschauen. Dies machten sich die Armen und Hilfsbedürftigen zunutze, postierten sich unter der Linde und hielten ihre Bittschriften so lange in die Höhe, bis der Monarch sie bemerkte und durch seinen Kammerhusaren abfordern ließ.«

Durch die Errichtung von Vorstädten dehnte sich das Stadtgebiet nach allen Seiten aus. Drei erhalten gebliebene Stadttore zeigen noch die alte Begrenzung an. Manufakturen und Fabriken entstanden, die seit dem 18. Jahrhundert überwiegend den Bedürfnissen zum Aufbau der Armee Rechnung trugen. Neue Regimenter hielten Einzug, zunächst als Einquartierung bei den Bürgern, die in ihren Hausgiebeln zusätzliche Grenadierstuben einrichten mußten, später kamen Kasernen und Exerzierplätze hinzu. Die Havelstadt wurde über mehr als zwei Jahrhunderte zur größten und bekanntesten Militärstadt des Deutschen Reichs. Offiziere der Elitetruppen, angefangen mit den Langen Kerls des Soldatenkönigs bis zu den Garderegimentern der Kaiserzeit, gaben gemeinsam mit dem zum Hof gehörenden Adel und den höheren Beamten der zahlreichen Staatsbehörden gesellschaftlich den Ton an. Konservative Geisteshaltung bestimmte das Leben der Bürgerstadt. In den Industriegebieten entwickelten sich demgegenüber eigene Wertvorstellungen, die ebenso wie in Berlin ihren Ausdruck in einer erstarkenden Arbeiterbewegung fanden. Das Ende der Monarchie nach dem Ersten Weltkrieg brachte nur wenig Veränderungen in den vorgegebenen sozialen Strukturen. Die Reichswehr und später die Wehrmacht blieben das beherrschende Element der Stadt.

Von den Nationalsozialisten wurde Potsdam bewußt als »vaterländisches Symbol« in ihre Propaganda einbezogen. Im März 1933 fand in der Garnisonkirche in Anwesenheit des Reichspräsidenten, Generalfeldmarschall von Hindenburg, der »Tag von Potsdam« statt, mit dem Hitler seinem Machtantritt den Anschein einer Fortsetzung deutsch-nationaler Traditionen ge-

ben wollte. Der Widerstand gegen Hitler hatte zwar auch seine Wurzeln in Potsdamer Offizierskreisen, doch endete das Aufbegehren mit dem 20. Juli 1944, als nach dem mißglückten Attentat viele Offiziere verfolgt und hingerichtet wurden oder Selbstmord begingen. Für den Zusammenbruch des nationalsozialistischen Regimes war Potsdam wiederum der symbolische Schlußstrich. Im Schloß Cecilienhof trafen sich im Sommer 1945 die Staatsmänner der alliierten Siegermächte und unterzeichneten das »Potsdamer Abkommen«, das die deutsche Nachkriegsgeschichte bis 1990 wesentlich bestimmte. Das Schicksal der Stadt war jedoch schon zuvor besiegelt worden. Unter einem schweren Bombenangriff versank das alte Potsdam im April 1945 in Schutt und Asche. Viele berühmte Bauwerke wurden zerstört oder stark beschädigt, ganze Stadtviertel blieben als ausgebrannte Ruinenfelder zurück.

Nach dem Krieg war Potsdam zunächst Verwaltungsbezirk der Provinz Brandenburg, dann nach der regionalen Neugliederung 1952 Zentrum und Namensgeber des größten Bezirks der DDR. Der Wiederaufbau vollzog sich nicht allein in den Wohngebieten und Industrieanlagen auf der Grundlage ideologischer Vorstellungen von einer »sozialistischen Großstadt«. Das Stadtschloß, die Garnisonkirche und die Heiligengeistkirche, deren weitere Existenz nicht in das kommunistische Weltbild paßte, wurden gesprengt und abgerissen. Andere Schlösser und historische Bauwerke erhielten nach der Restaurierung eine neue Bestimmung, so das Marmorpalais als Armeemuseum der Volksarmee, der Marstall als Filmmuseum der DDR, das Militärwaisenhaus als Sitz des FDGB-Vorstandes. Das Reichsarchiv auf dem Brauhausberg wurde als SED-Bezirksleitung zum »Potsdamer Kreml«. Selbst der in Form einer holländischen Gracht von der Havel abgeleitete alte Stadtgraben, der den Wasserabfluß für die im Sumpfgebiet auf Pfählen erbaute Innen-

rechts: Im Schloß Cecilienhof unterzeichneten die Alliierten am 2. August 1945 das Potsdamer Abkommen
Seite 102/103: Der Neue Garten, Schloßpark Cecilienhof

stadt regulierte, verschwand mit Trümmer-
schutt gefüllt unter den Trassen großer Ver-
kehrsstraßen. Erhalten blieb für Potsdam jedoch der Charakter einer Garnisonstadt. In die
Kasernen zogen Einheiten der sowjetischen Armee und der DDR-Volksarmee ein und bildeten
die größte Militärkonzentration im sowjetischen
Besatzungsbereich.

Mit den Folgen der Entwicklung in den vergangenen vier Jahrzehnten müssen sich nun die
1990 gewählte Landesregierung von Brandenburg und der Magistrat auseinandersetzen.
Neue Konzeptionen für die Stadtentwicklung
entstehen im Zusammenhang mit der Jahrtausendfeier. Potsdam soll künftig als »Gesamt-
kunstwerk« gesehen werden. Die Unesco hat
bereits die Schlösser- und Gartenlandschaft in
die »Liste des Kultur- und Naturerbes der Welt«

oben: Die Havel bei Glindow am Spätnachmittag
rechts: Die schlichte Kirche von Paretz wurde Ende des
18. Jahrhunderts von der dörflichen Gemeinschaft und
den Bewohnern des Schlosses besucht

eingetragen. Potsdam bekennt sich wieder zu
seiner Geschichte. In einem würdigen, besinnli-
chen Rahmen fand im Sommer 1991 die Rück-
führung der Sarkophage der beiden bedeu-
tendsten Preußenkönige statt. Friedrich Wilhelm I. und Friedrich II., die bis 1945 in der
Garnisonkirche beigesetzt und in den Kriegswirren auf die Hohenzollern-Stammburg He-
chingen gebracht worden waren, ruhen nun in
ihrer märkischen Heimat: der Soldatenkönig
neben König Friedrich Wilhelm IV. und Kaiser
Friedrich III. in der Friedenskirche am Schloßpark von Sanssouci, und der Alte Fritz, wie er es

106

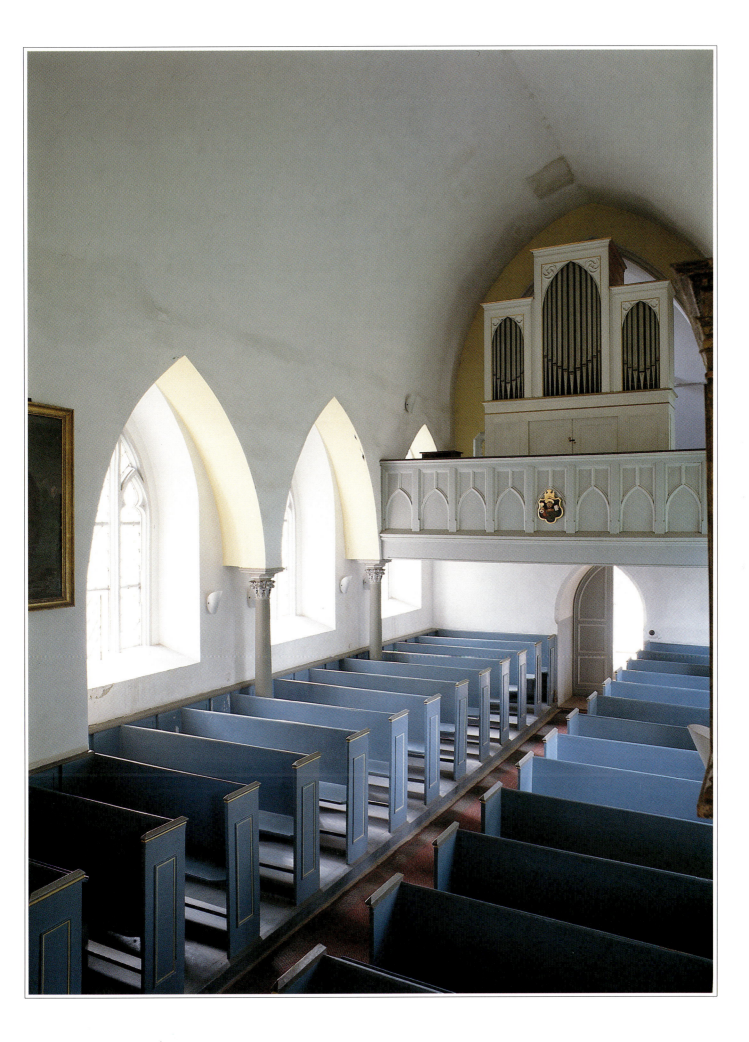

in seinem Testament verfügt hatte, neben seinen Windspielen auf der Schloßterrasse. Aus der Besinnung auf die Vergangenheit will die historische Havelstadt auch Kraft für ihre Zukunft schöpfen.

Was für Potsdam gilt, bezieht sich auch auf Babelsberg. Die 1939 eingemeindete Vorstadt am gegenüberliegenden Havelufer ist aus der mittelalterlichen Ansiedlung Neuendorf, der im 18. Jahrhundert entstandenen böhmischen Weberkolonie Novawes und dem in den Gründerjahren errichteten Villenvorort Neu-Babelsberg zusammengewachsen. Zwischen dem Tiefen See und dem Griebnitzsee, dem Ausgangspunkt des südlich um Berlin führenden Teltowkanals, liegt das Wahrzeichen der Stadt. Schloß Babelsberg ist von Schinkel im englischen Stil erbaut, und seine Parkanlagen schufen Lenné und Fürst Pückler als Landschaftsgarten. Schon als Prinz von Preußen hatte der spätere Kaiser Wilhelm I. hier seine Sommerresidenz. Berühmt wurde Babelsberg aber erst zu Beginn dieses Jahrhunderts – als Filmstadt. Vor den Toren Berlins, wo »die Bilder laufen lernten«, wuchs auf dem Gelände einer Futtermittelfabrik die größte deutsche Atelierlandschaft mit Studiohallen und Kulissenstädten für Außenaufnahmen. Die UFA drehte hier ihre Erfolgsstreifen, und die DEFA führte nach 1945 unter volkseigenen Vorzeichen die Produktion fort. Das märkische Hollywood wurde 1992 an einen französischen Konzern verkauft, der eine moderne Medienstadt für Film und Fernsehen schaffen will. Der Ostdeutsche Rundfunk Brandenburg, die Berliner Abteilung des Zweiten Deutschen Fernsehens und eine Filmhochschule haben ihre Arbeit aufgenommen, Filmfirmen werden folgen. Ein Planungsbüro der UFA bereitet bereits den Neubeginn vor.

Die über 190 000 Einwohner zählende brandenburgische Landeshauptstadt Potsdam ist von hügeligen Wäldern und einer von der Havel durchflossenen Seenkette umgeben, deren landschaftlicher Reiz einst Kurfürsten, Könige und Kaiser an den südlichen Punkt des Havellaufes zog. Aus den ehemaligen Jagdrevieren sind Erholungsgebiete im Landkreis Pots-

dam geworden, in denen alte Dörfer und Schlösser an vergangene Zeiten erinnern. Am Templiner See, in den die Halbinsel Hermannswerder hineinragt, liegen Badeplätze und Bootshäuser. Die Drahtseilfähre zwischen Geltow und Caputh, am Übergang zum Schwielowsee, befördert seit einhundertundfünfzig Jahren Personen und Fahrzeuge über die Havel unweit des Jagdschlosses des Großen Kurfürsten, das nach dessen Tode Witwensitz seiner zweiten Gemahlin Dorothea war. Caputh ist als Ferienort durch den Physiker und Nobelpreisträger Albert Einstein bekannt geworden, der Anfang der dreißiger Jahre hier ständiger Sommergast war.

Mit über fünf Kilometern Länge und zwei Kilometern Breite ist der Schwielowsee die größte Havelausbuchtung. An seiner Südspitze liegt das ehemalige Fischerdorf Ferch, dessen Fachwerkkirche aus dem Jahre 1630 mit einer farbenprächtigen Innendecke geschmückt ist. An der Westseite des Sees umrahmt das als Gutsdorf entstandene Petzow ein nach Plänen von Schinkel im Stil einer Ritterburg erbautes Schloß. Hinter dem Dorf beginnt der Glindower See. Die Tonvorkommen in seiner Umgebung haben Mitte des vergangenen Jahrhunderts Ziegeleien entstehen lassen, von denen eine große Rundofenanlage von 1858 als unter Denkmalschutz stehendes technisches Denkmal erhalten ist. Von Glindow gingen in den Gründerjahren Milliarden gebrannte Steine für den Ausbau der Reichshauptstadt auf dem Wasserwege nach Berlin.

Die Havel ändert am Schwielowsee ihre bisherige Süd-West-Richtung und geht nach Norden. Über Geltow und Baumgartenbrück erreicht sie die bekannte Obstweinstadt Werder. Der Fischerort auf einer kleinen Insel war schon im 13. Jahrhundert durch eine Brücke mit dem Westufer der Havel verbunden. Auf den Höhenzügen oberhalb des Flusses wurde im Mittelalter Wein angebaut. Mitte des 19. Jahrhunderts entwickelte sich dann von Werder bis

Der Fundus der Babelsberger Filmstudios verfügt über mehr als eine Million Requisiten

Phöben ein großes Obstanbaugebiet. Alljährlich zur Baumblüte finden seitdem die beliebten »Blütenfeste« statt, zu denen vor allem die Berliner mit Sonderzügen und Schiffen anreisen. In den Gaststätten auf den Hügeln wird der Obstwein aus der Vorjahresernte ausgeschenkt. Die Wirkung des als »Rauscher« oder »Bretterknaller« bezeichneten Weins hat der Schriftsteller Alfred Henschke, besser bekannt unter seinem Pseudonym Klabund, in den zwanziger Jahren beschrieben:

»Tante Klara ist schon um ein Uhr mittags
besinnungslos betrunken.
Ihr Satinkleid ist geplatzt. Sie sitzt
im märkischen Sand und schluchzt.
Der Johannisbeerwein hat's in sich.
Alles jubelt und juchzt
und schwankt wie auf der Havel
die weißen Dschunken.«

Einige der alten Gaststätten sind noch in Betrieb, andere in den letzten Jahrzehnten zerfallen, weil viele Gäste aus Berlin nicht kommen konnten. Nun lebt die alte Stimmung wieder auf: Berlin steht Kopp – aber in Werder! Die Altstadt auf der Havelinsel nimmt nur am Rande am Treiben während der Baumblüte teil, dafür ist sie mit ihren Lokalen in den alten Gassen das ganze Jahr über beliebtes Ausflugsziel vieler Touristen.

Hinter Werder erweitert sich die Havel zum Zernsee, in den bei Nattwerder das Flüßchen Wublitz einmündet. Am Havelufer liegen sich die Orte Phöben und Töplitz gegenüber. Das mittelalterliche Fischerdorf Ketzin hat sich über die Jahrhunderte zu einer Kleinstadt entwickelt, die im Sommer Bungalows und Campingplätze für Urlauber bereithält. Eine Fähre geht über den Fluß, der sich in mehrere Arme aufteilt, die im Trebelsee wieder zusammenkommen. Von hier aus fließt die Havel durch eine Wiesen- und Auenlandschaft auf die Stadt Brandenburg zu.

Unweit von Ketzin münden bei Paretz die zwei künstlichen Wasserstraßen des Osthavellandes in den Göttinsee, der zur Havel abfließt. Vom Osten kommt der 17 Kilometer lange Sac-row-Paretzer Kanal. Der 1876 entstandene Wasserweg beginnt am Jungfernsee und läuft durch den Lehnitzsee, den Fahrländer See und den Schlänitzsee. Er schafft für die Schiffahrt eine Verbindungsstrecke, die am nördlichen Stadtrand von Potsdam vorbeiführt. Der von Norden kommende Havelkanal wurde 1952 zur Umgehung Berlins angelegt. Mit einer Länge von 35 Kilometern verbindet er direkt die Oberhavel mit der Unterhavel. Er geht von Niederneuendorf über Brieselang und Wustermark nach Paretz.

Das kleine Haveldorf Paretz, 1197 als slavica villa Poratz urkundlich erwähnt, war später Rittersitz märkischer Adelsfamilien. Ende des 18. Jahrhunderts kauften König Friedrich Wilhelm III. und Königin Luise das Anwesen und ließen es von dem Baumeister David Gilly völlig umgestalten. Anstelle des Gutshauses entstand ein Landschloß im einfachen ländlichen Stil, die strohgedeckten Bauernhäuser wurden durch massive Steingebäude ersetzt, in deren Giebelstuben die königliche Dienerschaft einzog. Zwei Torhäuser markierten den Dorfeingang, und am Ende der Dorfstraße erhielt die Schmiede eine Fassade im gotischen Stil. Auch die Kirche aus dem 13. Jahrhundert wurde entsprechend umgebaut. Bis 1806 verbrachte das Königspaar neun Sommeraufenthalte in dem geliebten Schloß »Still im Land«, genoß das einfache Landleben und feierte mit den Dorfbewohnern das alljährliche Erntedankfest.

Schloß, Park und Dorf überstanden gut erhalten alle Kriegswirren. Erst als 1952 die »sozialistische Bodenreform« einsetzte, erhielt das Schloß ein völlig anderes Aussehen. Zunächst als »Deutsche Bauernschule«, dann als Verwaltungsgebäude der »Vereinigungen Volkseigener Betriebe Viehzucht« genutzt, ging nicht nur die klassizistische Ausstattung der Innenräume verloren, auch die ursprüngliche Fassade wurde

verändert. Seit 1990 bemühen sich Förder-vereine um eine Wiederherstellung von Schloß und Park. Viele Besucher kommen nach Paretz auf der Suche nach historischen Spuren. In der Dorfkirche erinnert eine von Gottfried Schadow modellierte Apotheose an Königin Luise. Auf gebranntem weißen Ton steht die Inschrift:

»Hohenzieritz, den 19. July 1810, vertauschte sie die irdische Krone mit der himmlischen, umge-ben von Hoffnung, Liebe, Glaube und Treue, und in tiefe Trauer versinken Brennus und Bo-russia.«

Brandenburg und Preußen haben längst Glanz und Gloria abgelegt, ebenso wie die Schlösser und Parkanlagen in und um Potsdam. Trauer um alte Zeiten bestimmt gewiß nicht das Lebensgefühl, doch das wiederkehrende Be-wußtsein für geschichtliche Zusammenhänge wird sinnvoll gepflegt. Dazu gehört auch die Bewahrung der geretteten Zeugnisse in der Kulturlandschaft entlang der Havel.

Geburtsort der Mark:
Brandenburg

Einer kleinen, von Havelarmen umschlossenen Insel fiel die historische Rolle zu, Namensgeber für ein großes Territorium zu werden. Der Name Brandenburg geht auf eine frühgermanische Ansiedelung zurück, die vermutlich durch Abbrennen von Gehölz entstanden ist. Die früheren Ortsbezeichnungen Brennaburg und Brendanburg werden von Historikern jedenfalls so gedeutet. Von den späteren slawischen Bewohnern sind die Namen übernommen worden. Brennaburg wurde erstmalig im Winter 928/29 bekannt, als Heinrich I. mit seinem Heer über die zugefrorene Havel zog und den Fürstensitz des slawischen Stammes der Heveller eroberte. Mit der Gründung des Bistums Brendanburg durch Otto I. im Jahre 948 ergab sich die erste urkundliche Erwähnung.

Nur wenige Jahrzehnte konnte sich die christliche Bastion östlich der Elbe halten, dann fiel das Gebiet nach dem großen Slawenaufstand von 983 wieder in den Besitz der Heveller zurück. Um 1130 trat der Slawenfürst Pribislaw zum Christentum über und nannte sich seitdem Heinrich. Seine freundschaftlichen Kontakte zu dem askanischen Markgrafen Albrecht dem Bären führten dazu, daß er an ihn zunächst das Gebiet Zauche, den südlichen Teil des Gaues Heveldun, abtrat und ihn darüber hinaus als seinen Erben einsetzte. Nach dem Tode Pribislaw-Heinrichs kam es zu erbitterten Erbschaftsauseinandersetzungen, die Albrecht 1157 durch einen siegreichen Feldzug gegen den slawischen Fürsten Jaczo von Köpenick und durch die Besetzung der Havelinsel beendete. Er übernahm den Titel »Markgraf von Brandenburg« für seinen eroberten Herrschaftsbereich, den er mit der Ostkolonisation weiter ausdehnte. So wurde der Inselname zum Territorialbegriff.

1165 begann auf der Insel der Bau des romanischen Domes St. Peter und Paul, der im 14. und 15. Jahrhundert zu einer gotischen Basilika umgestaltet wurde. Westlich der Dom-

oben: Am Mühlendamm erreicht die Havel Brandenburg
unten: Alter Pegelmesser im Stadtmuseum

insel entstand um 1170 als Ackerbausiedlung die Brandenburger Altstadt und 1196 die Neustadt südlich davon als Kaufmanns- und Marktsiedlung. Münzrecht und Zollfreiheit gaben beiden Städten hohes Ansehen, und mit dem Brandenburger Schöppenstuhl erhielten sie die oberste Gerichtsbarkeit in der Mark. Die Rolandfigur von 1474, heute vor dem Rathaus am Altstädtischen Markt, erinnert an die damalige Bedeutung Brandenburgs. In einer alten märkischen Heimatchronik wird darüber berichtet:

»In den Städten und selbst in einzelnen Flekken der Mark Brandenburg trifft man häufig große steinerne Säulen eines geharnischten Mannes an. Sie stehen in der Mitte des Ortes, in den Städten auf dem Markte in der Nähe des Rathauses. Sie heißen Rolandssäulen. Die gemeine Meinung des Volkes ist, daß sie den Ritter Roland, den Vetter des großen Kaisers Karl, vorstellen, der ein Schirmer und Beschützer der Gerechtigkeit gewesen sei. Die Gelehrten nehmen an, daß das Wort eigentlich Rugelandssäulen – Rüge, Gerichtsstand bedeutend – heißen solle. So viel ist ausgemacht, daß sie das Recht der eignen Gerichtsbarkeit eines Ortes anzeigen, und zwar, wenn der Roland ein Schwert trägt, das Recht über Leib und Leben, sonst aber nur die niedre Gerichtsbarkeit.«

Das Brandenburger Stadtrecht wurde im Mittelalter mehrfach auf andere neu entstandene Städte übertragen, so im 13. Jahrhundert auch auf Spandau und Berlin. Mit der Errichtung von markgräflichen Residenzen in diesen Städten verlor Brandenburg jedoch mehr und mehr an politischem Einfluß. Zwar verlieh Kurfürst Joachim I. der Havelstadt 1521 den Titel »Chur- und Hauptstadt«, nur entsprach die Bezeichnung zu dieser Zeit nicht mehr der Realität. Durch Handel und Schiffahrt erreichten die beiden Schwesterstädte als Mitglieder der norddeutschen Hanse beachtlichen Wohlstand, der sich in einem repräsentativen Stadtbild widerspiegelte. Stadtbefestigungen gaben den Bürgern Schutz nach außen. Vier der wuchtigen Tortürme und Teile der Stadtmauer sind erhalten geblieben. König Friedrich Wilhelm I. ließ 1715 die beiden Städte vereinigen. Das seitdem

oben: Stahl- und Walzwerk Brandenburg
Seite 120/121: Abendstimmung über der Havel in der
Altstadt von Brandenburg

bestehende Stadtwappen zeigt nebeneinander gestellt die Wappenschilde der Altstadt und der Neustadt mit der darüber gesetzten preußischen Krone.

Mit der Geschichte Brandenburgs ist der hinter den ehemaligen Wallanlagen der Altstadt liegende Marienberg in besonderer Weise verbunden. Er hieß einst Harlunger Berg und war in frühgermanischer Zeit eine bedeutende Kultstätte. Später stand dort ein Tempel für den dreiköpfigen Slawengott Triglaw. Nachdem der letzte Hevellerfürst Pribislaw-Heinrich zum Christentum übergetreten war, errichtete er 1136 eine Marienkapelle. Um 1220 entstand dann die Marienkirche, ein spätromanischer Backsteinbau mit vier großen Ecktürmen. Über 500 Jahre war sie eine der Wallfahrtskirchen in der Mark Brandenburg.

Der erste Hohenzollernkurfürst Friedrich I. gründete neben der Kirche ein Kloster des Prämonstratenserordens, welches später Mittelpunkt des ritterlichen Schwanenordens war. Nach der Reformation verfielen Kirche und Kloster. König Friedrich Wilhelm I. ordnete 1722 den Abriß der Ruine an und ließ einen Teil der Steine zum Bau des Militärwaisenhauses nach Potsdam transportieren. Außerdem wurde mit Steinen der Marienkirche das Frey-Haus gebaut, ein Barock-Ensemble, in dem sich heute das Stadtmuseum von Brandenburg befindet. Im 19. Jahrhundert begann die Umgestaltung des Marienbergs zu einer Parklandschaft. Auf der Bergkuppel wurde 1880 ein Kriegerdenkmal errichtet, das zugleich Aussichtsturm war. Nach 1945 ließ man es abreißen. Ebenso erging es der 1908 erbauten Bismarckwarte. Auf dem Marienberg, der mit Parkanlagen, einer Freilichtbühne und einem Schwimmbad zu einem Naherholungsgebiet geworden ist, steht seit 1974 die aus Aluminium geschaffene »Friedenswarte«, von der sich ein weiter Blick über die Stadt und in die märkische Landschaft ergibt.

Die Stadt Brandenburg, die unter den preußischen Königen auch Garnisonstadt wurde, entwickelte sich in der zweiten Hälfte des 19.

122

Jahrhunderts zu einer wichtigen Industriestadt. Besonders bekannt waren die Brennaborwerke, die Kinderwagen, Fahrräder und Autos herstellten, und die Spielwarenfabriken, die mechanische Blechspielzeuge und Lineolfiguren in alle Welt lieferten. Am Silokanal, einer Wasserstraße zwischen dem Beetzsee und der Seenplatte um den Plauer See, entstand 1912 das Industriegelände des Stahl- und Walzwerkes. Mit der Ausdehnung der Stadt war auch die Anlage großer Wohnsiedlungen verbunden.

Die Jahrtausendfeier 1929 stellte einen Höhepunkt der Stadtentwicklung dar. Eine neue Havelbrücke zwischen der Altstadt und der Neustadt erhielt den Namen »Jahrtausendbrücke«. Hier sind auch die Anlegestellen der Ausflugsschiffe, die über die Havel in die seen-

links: Das Rathenower Tor in Brandenburg
rechts: Der Roland vor dem Rathaus am
Altstädtischen Markt

reiche Umgebung fahren. Eines der Schiffe trägt den Namen »Fritze Bollmann« und erinnert an die bekannteste Symbolfigur der Stadt. In den letzten zwanzig Jahren des vorigen Jahrhunderts lebte der kleine Barbier mit seiner Familie in der Altstadt. Als er einmal von seinem Angelunglück erzählte, entstand das Spottlied, das zu einer beliebten Ballade wurde:

> »In Brandenburg, uff'n Beetzsee,
> da steht een Angelkahn,
> und darin sitzt Fritze Bollmann
> mit seinem Angelkram.
> Fritze Bollmann wollte angeln,
> da fiel die Angel rin.
> Fritze Bollmann wollt'se langen,
> da fiel er hinterdrin.
> Fritze Bollmann schrie um Hilfe:
> ›Liebe Leute rettet mir,
> denn ich bin ja Fritze Bollmann,
> aus der Altstadt der Barbier!‹

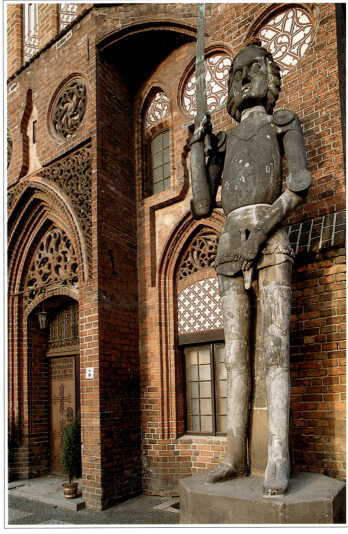

Nur die Angel ward gerettet,
Fritze Bollmann, der versuff,
und seitdem jeht Fritze Bollmann
uff'n Beetzsee nich mehr ruff.«

Viele weitere Strophen sind im Laufe der Zeit hinzugekommen, die in Liederbüchern und auf Postkarten festgehalten wurden. Obwohl Friedrich Bollmann sich über das Lied sehr ärgerte, hat es ihn und seine Stadt berühmt gemacht. In der Hauptstraße steht noch immer das Denkmal, das ihn als Angler zeigt.

Über 90 000 Einwohner zählt heute die kreisfreie Stadt Brandenburg. Kriegszerstörungen und vernachlässigte Pflege der historischen Bausubstanz haben das Stadtbild nachteilig verändert. Ein umfangreiches Sanierungsprogramm mit Sondermitteln des Bundes steht unter dem Motto »Neues Leben – Alte Stadt«. An renovierungsbedürftigen Häusern hängt das Schild »Bis bald, altes Haus«. In der architektonischen Vielfalt der Innenstadt mit Baudenkmälern aus dem Mittelalter und aus den Stilepochen Renaissance und Barock wird deutlich, daß Brandenburg die älteste Stadtgründung in dem Gebiet ist, dem es seinen Namen gab. Auch wenn die Stadt am westlichen Rand des Bundeslandes Brandenburg liegt, wird sie ihre Rolle als Industriestadt und als Standort für Dienstleistung und Handwerk weiter behaupten. Mit der größten Havelschleuse bleibt sie Knotenpunkt für die Schifffahrt zwischen Ost und West.

oben: »Bis bald, altes Haus« – Motto der Stadtsanierung
links: Die Katharinenkirche in der Brandenburger Neustadt

Der Weg zur
Mündung in die Elbe

Auf ihren letzten rund einhundert Kilometern läuft die Havel über weite Strecken fast parallel zu dem großen Strom, in den sie einmündet. Die weiten Elbniederungen erstrecken sich stellenweise bis an die Havelufer. Eine erste Wasserverbindung stellt der Elbe-Havel-Kanal dar, der vom Plauer See über Genthin nach Parey geht und dort in die Elbe geleitet wird. Als südliche Verlängerung zweigt bei Parey der Ihle-Kanal ab und erreicht bei Niegripp die Elbe. Bei Magdeburg ergibt sich der Übergang zum Mittellandkanal. Die für die Schiffahrt wichtige Verbindung zwischen Havel und Elbe wurde Mitte des 18. Jahrhunderts zunächst als Plauer Kanal fertiggestellt und einhundert Jahre später durch den Ihle-Kanal ergänzt. Beide Wasserstraßen bilden gemeinsam den Elbe-Havel-Kanal.

Die Havel fließt von Plaue nach Norden, vorbei an dem Anfang des 18. Jahrhunderts erbauten Schloß. Schon im Mittelalter stand hier eine Burg, die zu Beginn des 15. Jahrhunderts Sitz der Raubritterfamilie von Quitzow wurde. Mit der Erstürmung der Plauer Burg 1414 durch den ersten Hohenzollernherrscher, Kurfürst Friedrich I., war die Raubritterzeit in der Mark endgültig beendet. Die ehemalige Schifferstadt Plaue, heute ein zur Stadt Brandenburg gehörender Vorort, liegt an der alten Handelsstraße nach Magdeburg. Über die große Havelbrücke verläuft nun die Bundesstraße 1.

Hinter dem 948 gegründeten Fischerort Pritzerbe, wo eine Fähre über die Havel geht, erreicht der Fluß die zum Landkreis Rathenow gehörende Stadt Premnitz. Im Landbuch Kaiser Karls IV. wurde das Dorf Predenitz erstmalig 1375 erwähnt. Seine Bewohner lebten von Landwirtschaft und Fischerei. Die damals weitgehend unregulierte Havel mit ihren zahlreichen Verästelungen gefährdete oft die Existenz der Menschen. Große Überschwemmungen vernichteten Äcker und Wiesen, und in Hitzeperioden trocknete das Flußbett aus und brachte Dürre und Mißernten. Im 19. Jahrhundert wur-

oben: Der Dom in Havelberg
unten: Allee bei Strodehne

den in den Havelauen ergiebige Tonvorkommen entdeckt. Es entwickelte sich eine florierende Ziegelindustrie, bis die Tongrube durch Wassereinbruch unbrauchbar wurde. Sie bildet heute den Premnitzer See. Auf dem Ziegeleigelände entstand zu Beginn des Ersten Weltkriegs eine Pulverfabrik, die in kurzer Zeit zu einem der größten deutschen Sprengstoffwerke wurde. Nach Demontage des Rüstungsbetriebs begann 1920 der Aufbau eines Kunstfaserwerks, in dem erstmals Zellwolle industriell hergestellt wurde.

Durch Werksiedlungen und Neubaugebiete dehnte sich Premnitz aus. Die zunehmende Beschäftigtenzahl in der Chemieindustrie ließ die Einwohnerzahl bis Ende der dreißiger Jahre auf knapp 4000 ansteigen. Nach dem Zweiten Weltkrieg enteignete die sowjetische Besatzungsmacht die zum IG-Farben-Konzern gehörenden Betriebsanlagen, die als VEB Chemiefaserwerk die Produktion weiterführten. Mit der Herstellung von »Wolpryla« und »Grisuten« gedieh Premnitz zum Hauptstandort der Erzeugung von Kunstseide und Chemiefasern in der DDR. Im Jahre 1962 erhielt der Ort das Stadtrecht, und zur 600-Jahrfeier 1975 zählte die Stadt 12 000 Einwohner. Das gewachsene Selbstwertgefühl der Premnitzer kam in den Versen eines Heimatdichters zum Stadtjubiläum so zum Ausdruck:

»Ich wohne in einer Stadt,
die wie viele andere
viele Schlote hat.
Sehr verschieden
sind diese Schlote.
Einige speien Dampf,
andere mächtig schwarzen Rauch.
Stadt und Industrie,
so in die Landschaft gepflanzt,
haben sich verändert,
ihren Sinn und ihren Zweck.

Du, meine Stadt,
liegst an der Havel,
wie Berlin liegt an der Spree.
Bist umgeben von grünen Wiesen,

von blühenden Gärten
und dunklen Wäldern
und mittendrin
ein schöner See.
Bist umgeben
von kornwogenden Feldern,
auf denen moderne Maschinen
ihre Bahnen ziehn.
Niemand hat dich bisher besungen,
hat deine Schönheit je gepriesen.«

Die große, graue Chemiestadt geriet nach 1989 aufgrund ihrer industriellen Monostruktur in erhebliche Schwierigkeiten. Zwar wurden die volkseigenen Betriebe in eine »Märkische Faserwerke AG« umgewandelt, doch fehlt es an Investitionen für einen zeitgemäßen Neubeginn. Mit Kundgebungen und Betriebsbesetzungen

kämpfen die Chemiearbeiter um die Einhaltung gegebener Versprechungen und für ihre Weiterbeschäftigung. Es wird noch vieler Anstrengungen bedürfen, bis Premnitz den eingeleiteten Sanierungsprozeß erfolgreich beenden kann.

Wenige Kilometer nördlich liegt an der Havel die historische Kreisstadt Rathenow. Ein günstiger Flußübergang ließ die ersten Ansiedlungen entstehen. In einer Urkunde von 1216 wurde Rathenow als Burgward genannt, und 1295 erhielt der Ort das markgräfliche Stadtrecht. Rund um die auf dem Kirchberg erbaute Pfarrkirche St. Marien und Andreas entstand die Altstadt, umflossen von einem Havel-

oben: Havellandschaft in der Altmark
rechts: Lagerhäuser in Rathenow

oben: *Sorgfältig restauriertes Fachwerkhaus in der Havelberger Altstadt*
rechts: *Blick auf das sommerliche Havelberg*

Friedrich Wilhelm den Ehrentitel »Großer Kurfürst« brachte. Auf dem Schleusenplatz erinnert ein Denkmal von barocker Schönheit an Rathenows geschichtliche Bedeutung. Der Große Kurfürst machte die Havelstadt auch zur Garnisonstadt, die von den preußischen Königen weiter ausgebaut wurde. Friedrich Wilhelm I. ließ 1733 die barocke Neustadt errichten, und Friedrich II. schuf eine Tuchmanufaktur.

Mitte des 19. Jahrhunderts begann mit der Industrialisierung ein neuer wirtschaftlicher Aufschwung der Stadt, der seinen Höhepunkt in der Gründung der optischen Industrie fand. Den Grundstock hatte der Pfarrer Johann Heinrich August Duncker 1800 mit der Erfindung einer Schleifmaschine für Brillengläser gelegt. Sein Sohn und sein Enkel führten die »Königliche privilegierte optische Industrieanstalt« fort und dehnten die Produktion auf Lupen, Feldstecher, Mikroskope und andere optische Geräte aus. Viele kleinere Firmen mit gleichartigen Erzeugnissen entstanden und verschafften der Stadt Weltruf. Nach 1945 waren die Betriebe im VEB Rathenower Optische Werke zusammengeschlossen und gehen nun wieder in Privatfirmen über.

Unter den Kampfhandlungen in den letzten Wochen des Zweiten Weltkriegs hatte Rathenow besonders schwer zu leiden. Mehr als 60 Prozent der Stadt wurden zerstört, darunter weite Teile der mittelalterlichen Altstadt und der barocken Neustadt. Heute bestimmt die Plattenbauarchitektur der Nachkriegszeit das Stadtbild. Mit 32 000 Einwohnern nimmt Rathenow als Kreisstadt vielfältige Aufgaben wahr und wirbt mit den landschaftlichen Schönheiten des Westhavellandes für einen aufblühenden Tourismus.

Nördlich von Rathenow wird der Lauf der Havel von den Orten Schollene bis Vehlgast zur Verwaltungsgrenze zwischen den Bundesländern Brandenburg und Sachsen-Anhalt. Der Landkreis Havelberg, auch Elb-Havel-Winkel genannt, bildet den Übergang zur Altmark. Er wechselte mehrmals seine Zugehörigkeit zu den ehemaligen Provinzen und gehörte bis 1952 zu Brandenburg. Das Gebiet mit seinen feuchten

arm und geschützt durch eine Stadtmauer. Schiffahrt, Fischerei und Handwerk brachten die Stadt voran, die sich mit der Eingemeindung umliegender Dörfer rasch vergrößerte. Die große historische Stunde Rathenows schlug 1675. Schwedische Truppen waren weit in die Mark vorgedrungen und hatten die Städte Brandenburg, Rathenow und Havelberg besetzt. Mit einem Überraschungsangriff eroberte Kurfürst Friedrich Wilhelm Rathenow und teilte damit die schwedische Streitmacht, die sich in das Havelland zurückzog. Somit war die Eroberung von Rathenow der Ausgangspunkt für die Entscheidungsschlacht bei Fehrbellin, die

Der Plauer Hafen um 1900, Postkartenmotiv

Niederungen hatte in früheren Zeiten, bevor die Flüsse durch Dämme und Abflußgräben hinreichend reguliert waren, oft unter verheerenden Überschwemmungen zu leiden. Ein Kinderreim aus der Mitte des 19. Jahrhunderts schildert dies auf seine Art:

»Bed, Kinneken, bed!
Kind, drap, de Havel kümp,
Kind drap, treck ut de Strümp,
süs kriegste natte Been.
Bed, Kinneken, bed!«

Der Elb-Havel-Winkel ist reich an alten Volksmärchen und Sagen. Eine der bekanntesten Erzählungen gilt einer germanischen Schutzpatronin, nach der eine Erhebung in den Kamernschen Bergen »Frau Harken-Berg« heißt. Nach der Christianisierung des Landes soll Frau Harke zum Abschied ihre Hedemicke – eine Flachsgabel – in die Erde gesteckt haben, die noch immer als großer Kiefernbaum am Ortseingang von Kamern zu sehen ist. Die Sage vom Pilatsch ist in alter Form in dem 1868 erschienenen Sammelwerk »Der Volksmund in der Mark Brandenburg« überliefert:

»Einige Meilen unterhalb Rathenows bei dem zur Provinz Sachsen gehörigen Dorfe Molkenberg theilt sich die Havel in zwei Arme, die sich erst beim Galenberge, einer Mühle in der Nähe des Dorfes Strodehne, wieder vereinigen. Es entsteht hierdurch eine Insel, die eine Meile lang und an Stellen über eine Viertelmeile breit ist. Der Boden ist an den meisten

Stellen der Insel niedrig, nur in der Mitte derselben erhebt sich eine Anhöhe, welche noch vor fünfzig Jahren mit mächtigen Eichen bewachsen war und jetzt ergibigen Acker bildet. Diese Anhöhe führt den Namen Pilatsch oder Pilatusberg, und im Mittelalter soll hier ein gefürchteter Raubritter, Pilatus genannt, gehaust und die Gegend unsicher gemacht haben. Besonders überfiel er die auf der Havel friedlich dahin fahrenden Schiffe, beraubte sie und warf die Schiffer in den tiefen Keller seiner Burg, wo sie oft elendiglich umkamen, wenn sie nicht ein anständiges Lösegeld zu zahlen vermochten. Wann und durch wen das Raubschloß zerstört wurde, weisz niemand: man sagt nur, das Ende des Raubritters und der Burg sei ein schreckliches gewesen, ja jener selbst habe nach dem Tode keine Ruhe gefunden. Zwischen den Eichen des Berges sah man ihn sitzen als einen Greis, angethan mit einem weiten schwarzen Kleide. Düster sah er nieder auf sein großes schwarzes Buch, das vor ihm aufgeschlagen war, und neben ihm stand ein groszes Gefäsz voll Gold, um einen Menschen zu locken, der ihm die ersehnte Ruhe bringen möchte. Niemand aber nahte sich zur Erlösung; denn der Ort wurde von allen scheu gemieden, und wenn der Alte nach langem vergeblichen Harren sah, dasz keiner sich ihm nahte, liesz er seine Augen über die Gegend schweifen, stand auf, schlug seufzend sein groszes Buch zu und wankte zitternd in sein groszes Schatzgewölbe; in den Eichen aber rauschte es unheimlich, und die Wellen der Havel schlugen schäumend gegen die westliche Seite des Berges.«

Andere Märchen aus der Gegend berichten von verwunschenen Stätten, an denen einst Havelnixen, Riesen und Zwerge ihr Unwesen getrieben haben sollen.

Doch der Elb-Havel-Winkel hat auch reale Gedenkstätten. In der Gemeinde Schönhausen wurde Reichskanzler Otto von Bismarck geboren. Das Gutshaus ist zwar nach 1945 abgerissen worden, doch der Seitenflügel mit dem Geburtszimmer blieb erhalten. In der mittelalterlichen Dorfkirche, die als bedeutender Nachfolgebau der nahegelegenen Klosterkirche von Jerichow

gilt, sind Erinnerungsstücke der Familie von Bismarck aufbewahrt, die nun wieder gezeigt werden können. Im Dorf Wust befindet sich die Familiengruft der preußischen Offiziersfamilie von Katte, in der auch der Jugendfreund Friedrichs II. beigesetzt ist, der an dem mißglückten

Bei Strodehne fließt die Havel nach Sachsen-Anhalt

Fluchtversuch des Kronprinzen beteiligt war und auf Befehl des Soldatenkönigs Friedrich Wilhelm I. hingerichtet wurde.

Vier Naturschutzgebiete entstehen im Elb-Havel-Winkel als Reservate für bedrohte Tierarten, wie Seeadler, Kraniche und Schwarzstörche. Bei Vehlgast mündet das aus der Prignitz kommende Flüßchen Dosse in die Havel, die mit einer Biegung nach Westen im Bundesland Sachsen-Anhalt auf Havelberg zufließt.

Weithin sichtbar ragt der Dom auf einer steilen Anhöhe am Havelufer empor. Er ist das Wahrzeichen der tausendjährigen Stadt und bezeugt den Beginn der Christianisierung in der Mark. Ebenso wie in Brandenburg gründete Kaiser Otto I. hier 948 ein Missionsbistum, das nach dem Slawenaufstand 983 wieder aufgegeben werden mußte. Nach der Eroberung des Landes durch Albrecht den Bären begann der Bau der dreischiffigen Basilika mit romanischem Westwerk. Im Jahre 1170 fand die feierliche Einweihung im Beisein des Bischofs und der Markgrafenfamilie statt. Bis ins 16. Jahrhundert ist der Dom ausgebaut und mehrfach mit gotischen Stilelementen verändert worden.

Nach der Reformation wurden das Bistum und das dazugehörende Prämonstratenserkloster aufgelöst. Als kulturgeschichtliches Bauwerk sind die weiträumige Anlage und die Innenausstattung erhalten geblieben. In einem Teil des Konventsgebäudes befindet sich heute das Prignitzmuseum.

Zu Füßen des Domes gruppiert sich auf einer Havelinsel die Altstadt um die Pfarrkirche St. Laurentius. Das Stadtrecht geht auf 1151 zurück. Die Erwerbsquellen waren Ackerbau und Fischerei, Handel und Schiffahrt. Unter dem Großen Kurfürsten kam der Schiffbau dazu. Eine Werft für große Segelschiffe entstand, die von den preußischen Königen erweitert wurde. König Friedrich Wilhelm I. traf sich hier 1716 mit dem russischen Zaren Peter I. zu Verhandlungen. Überschwemmungen und Stadtbrände

oben: Das Rathaus am Marktplatz von Havelberg
rechts: Märkischer Herbstwald

haben Havelberg oft schwere Schäden zugefügt, doch Tatkraft und Fleiß der Bürger schufen stetiges neues Gedeihen. Ihre günstige Lage nahe der Elbe nutzte die Stadt als Handels- und Marktzentrum. Seit 1750 fanden große Viehmärkte statt, aus denen sich der bekannte alljährliche Pferdemarkt entwickelte. Er ist Volksfest für die ganze Region. Seit 1952 ist Havelberg Kreisstadt des geschichtsträchtigen Elb-Havel-Winkels. Eine kleine Stadt mit unvergänglichen Zeugnissen einer großen Vergangenheit.

Mit drei wassertechnisch angelegten Mündungen fließt die Havel hinter Havelberg in die Elbe. Von der Stadt geht ein Kanal mit einer

134

oben: Alte Stadtschleuse in Rathenow
rechts:Schwäne auf einem Havelsee
Seite 136/137: Vor der Mündung – der Lauf der Havel
in der Altmark

über 200 Meter langen Schleuse als Schiffahrtsweg zum Strom. Nördlich davon liegt an der ursprünglichen Mündung die zur Wasserregulierung angelegte Wehrgruppe Quitzöbel mit einer weiteren Schleuse. Von hier aus geht der Gnevsdorfer Vorfluter, ein parallel zur Elbe verlaufender Wasserarm, nordwärts und läßt das letzte Havelwasser über eine Schleuse in die Elbe. Die gesamte Anlage dient zugleich als Schutz vor Überschwemmungen und als Ausgleich des Wasserspiegels beider Flüsse. Die eine weite Landschaft prägende Havel nimmt so ein von Technik diktiertes unromantisches Ende.

Auf dem 340 Kilometer langen Weg haben sich in ihr stets die Zeiten gespiegelt mit guten und weniger guten Ereignissen, mit Bauwerken, die kamen und vergingen. Eine der ältesten literarischen Erwähnungen findet sich in der 1572 erschienenen »Beschreibung des gantzen Churfürstentumbs der Marck zu Brandenburgk«. In »XVIII. Kapitel von dem Wasser der Havel« werden zugleich Hinweise für die Schiffahrt auf Zollstellen gegeben. Damalige Schriftform und Ausdrucksweise geben dem Dokument einen besonderen Reiz:

»Entspringet aus zusammen laufenden Moszwässern in einem Erlenbruch jenseits des Dorffs Thornaw im Lande zu Mechelnburg. Fleust von dannen gen Zedenick ein Jungfraw Kloster und Stedtlein an die Mauren. Von dannen recht gegen Mittag und von Mitternacht leufft sie vor das Schlos Spandow zwo Meilen von Berlin welchs sie von der Stadt absondert. Von dann fleust sie auff Putsdam ein Stedtlein und Schlos. Allda nicht weit umbfleust sie ein Lendtlein welchs die Inwoner das Hauel Landt nenne. Darnach wendet sie sich gegen Mittag nach der Haupt Stadt Brandenburgk welche sie in zwo Stedte die alt und neue Stadt theilet da ein Churfürstlicher Zoll ist. Darnach auff Plaue Stedtlein und Schlos ist auch ein Zoll. Eine Meile davon auff ein Dorf Milo da auch ein Zoll. Darnach leufft sie auff Rathenow da ein Zoll und Schleusgeld Churfürstlich. Von dannen auf Havelbergk da des Rats Zoll daselbst. Hier zwischen auf eine Meile harte vor der Stadt Werben in der Alten Marck leufft die Hauel in die Elbe.«

Viele Städte und Dörfer sind seitdem am Ufer der Havel hinzugekommen und haben am Geschehen unterschiedlicher Epochen teilgenommen. So gelten die Verse von Theodor Fontane immer wieder neu:

>»Ob rote Ziegel, ob steinernes Grau,
> du verklärst es, Havel, in deinem Blau.
> Und schönest du alles, was alte Zeiten
> und neue an deinem Bande reihten,
> wie schön erst, was fürsorglich längst
> mit liebenden Armen du umfängst.«

Literatur und Quellen

Böckler, Otto Heinrich:
Brandenburgische Gedichte, Pritzwalk 1900

Bredow, Ilse von:
Kartoffeln mit Stippe – Eine Kindheit
in der märkischen Heide, München 1979

Burkhardt, Albert:
Der Schatz von Chorin – Sagen und Märchen
aus der Mark Brandenburg, Berlin 1991

Enders, Lieselott:
Historisches Ortslexikon für Brandenburg –
Teil III: Havelland, Weimar 1972

Engelin, August
Lahn, Wilhelm:
Der Volksmund in der Mark Brandenburg
Berlin 1886

Fabian, Franz:
An der Havel und im märkischen Land
Leipzig 1986

Fontane, Theodor:
Wanderungen durch die Mark Brandenburg –
Dritter Teil: Havelland, Berlin 1907

Friedel, Ernst:
Die Deutsche Kaiserstadt Berlin –
Stadtgeschichten, Sehens- und Wissenswertes
aus der Reichshauptstadt und deren Umgebung
Berlin 1882

Giersberg, Hans-Joachim
Schendel, Adelheid:
Potsdamer Veduten, Potsdam 1980

Grabner, Sigrid
Kiesant, Knut (Hrsg.):
1000 Jahre Potsdam –
Das Buch zum Stadtjubiläum
mit dem Festprogramm,
Berlin 1992

Grothe, Jürgen
Steinmöller, Gerd:
Spandau – Einst und jetzt, Berlin 1983

Henrich, Gerd (Hrsg.):
Handbuch der historischen Stätten Deutschlands –
Band 10: Berlin und Brandenburg,
Stuttgart 1985

Holmsten, Georg:
Brandenburg – Geschichte des Landes,
seiner Städte und Regenten, Berlin 1991

Koischwitz, Gerd:
Zwischen Havel und Oder –
Märkische Geschichte und Geschichten
Berlin 1991

Nohl, Walter:
Unsere märkische Heimat, Berlin 1926

Pestalozzi-Verein der
Provinz Brandenburg (Hrsg.):
Die Provinz Brandenburg
in Wort und Bild, Berlin 1900

Ribbe, Wolfgang:
Spandaus besonderer Weg, Berlin 1982

Scholz, Hans:
Wanderungen und Fahrten in
der Mark Brandenburg, Berlin 1983

Stiege, Rudolf:
Streifzüge durch die Mark Brandenburg
Band I–IV, Berlin 1982 - 1989

Uhlemann, Hans-Joachim:
Berlin und die Märkischen Wasserstraßen
Berlin 1987

Regionale Heimatkalender, Jahrbücher,
Festschriften und Fremdenverkehrsprospekte
von Landkreisen, Städten und Gemeinden seit
Beginn des Jahrhunderts bis zur Gegenwart.

Besonderer Dank gilt den Damen und Herren aus
Archiv und Bibliothek der »Landesgeschichtlichen
Vereinigung für die Mark Brandenburg«, die mit
wertvollen Hinweisen interessante Quellen der
Geschichts- und Heimatforschung für dieses Buch
erschlossen.

Register

Autoren und Verlag danken für die Genehmigung,
Abbildungen reproduzieren zu dürfen,
dem **Archiv der Landesgeschichtlichen Vereinigung
für die Mark Brandenburg:** S. 51, 64 (unten), 132;
der **Landesbildstelle Berlin:** S. 53, 60 (unten)
sowie dem **Bezirksamt Spandau von Berlin:** S. 56

Die Deutsche Bibliothek - CIP-Einheitsaufnahme

Die **Havel** : Geschichten eines Flusses / Horst Vollrath (Text).
Bernd Lammel (Fotos). - Frankfurt/M. ; Berlin : Ullstein, 1993
ISBN 3-550-06809-3
NE: Vollrath, Horst ; Lammel, Bernd